Ingelore Ebberfeld

Körperdüfte

Erotische Geruchserinnerungen

ULRIKE HELMER VERLAG

Die Deutsche Bibliothek – CIP-Einheitsaufnahme

Ein Titelsatz für diese Publikation ist bei der
Deutschen Bibliothek erhältlich
A catalogue record für this publication is
available from Die Deutsche Bibliothek

Druck und Bindung: Niederland Verlagsservice,
Königstein/Taunus
Printed in Germany

ISBN 3-89741-077-X

Email: ulrike.helmer.verlag@t-online.de
www.ulrike-helmer-verlag.de

INHALT

Für Birgit

»Denn der Duft war ein Bruder des Atems. Mit ihm ging er in die Menschen ein, sie konnten sich seiner nicht erwehren, wenn sie leben wollten. Und mitten in sie hinein ging der Duft, direkt ans Herz, und unterschied dort kategorisch über Zuneigung und Verachtung, Ekel und Lust, Liebe und Haß. Wer die Gerüche beherrschte, der beherrschte die Herzen der Menschen.«

Patrick Süskind, Das Parfum, S. 199

Einleitung

Bevor Sie anfangen dieses Buch zu lesen, sollten Sie noch einmal ganz bewußt Ihre Gerüche wahrnehmen, damit Sie genau wissen, wovon im folgenden die Rede ist. Auch möchte ich Sie davor bewahren, daß Sie falsche Geruchseindrücke bekommen. Ich weiß, Sie sind kein Laie auf dem Gebiet der Düfte, auch nicht auf dem Gebiet der Körpergerüche, aber trotzdem: Riechen Sie einmal ganz bewußt Ihre Hände, Ihre Achseln, Ihre Füße, Ihre Kopfhaut und natürlich auch Ihren Intimbereich. Mir ist klar, daß gerade die Gerüche unterhalb der Gürtellinie vielen Menschen Schwierigkeiten bereiten, aber sie gehören nun einmal zu uns, insbesondere wenn es um die Sexualität geht. Wenn Sie meinen, daß Sie einige Ihrer Regionalgerüche nicht riechen können, weil sie für die Nase unerreichbar sind, dann nehmen Sie Ihre Hände zur Hilfe –, die Sie zuvor nach Möglichkeit ohne Seife waschen.

Und, wonach riecht es? Das ist schwer zu sagen, nicht wahr? Denn Gerüche haben keine eigenen Namen, außer Parfümdüfte oder chemisch hergestellte Riechstoffe. Unter anderem daher ist es für uns so schwer, Düfte zu benennen, insbesondere vielschichtige Düfte, wie es die Körperdüfte nun einmal sind. Aber wir haben uns einen listigen (Um-)Weg einfallen lassen, um sie dennoch bezeichnen zu können: über die Umschreibung, den Vergleich und den Bezug auf die Trägerstoffe.

So ist zunächst einmal die Rede vom Kopfhaut-, Achsel-, Fuß- oder Schamgeruch. Aber, und das ist das entscheidende, es sind nicht irgendwelche Gerüche, die Sie an Ihrem Körper wahrnehmen, sondern es ist der Duft *Ihrer* Kopfhaut, *Ihrer* Achselhöhle usw. Es sind ganz individuelle Gerüche, die Ihnen da in die Nase steigen, Gerüche, die nur Sie abgeben und die sogar stark variieren können, je nachdem was Sie beispielsweise gegessen haben, ob Sie krank sind, wie es um Ihren Hormonhaushalt bestellt ist oder in welchem Gemütszustand Sie sich gerade befinden. Das wissen Sie sicher aus eigener Erfahrung, wie Sie ja auch wissen, daß Ihr Partner oder Ihre Partnerin »besonders« duften, eben nach *ihm* oder nach *ihr*, unverwechselbar.

Der individuelle menschliche Geruch ist derart unverwechselbar, daß ein Bluthund eine bestimmte Person jederzeit aus einer Ansammlung von Menschen herausfinden könnte, selbst wenn es sich um einen Zwilling handeln sollte; ja, selbst dann noch, wenn sich dieser Zwilling gewaschen und parfümiert hätte, denn der persönliche Geruch geht selbst dadurch nicht verloren. Diese Tatsache, daß jedes Individuum seinen spezifischen Geruch hat, führte im übrigen den Staatssicherheitsdienst der Deutschen Demokratischen Republik dazu, Geruchsproben von »verdächtigen Personen« zu nehmen, etwa vom Stuhl nach Anhörungen.[1]

Obgleich nun jeder Mensch seinen individuellen Geruch hat, haben wir doch unseren Artgeruch. Wir duften nach Mensch und nicht etwa nach unseren nächsten Verwandten, den Affen, die, nebenbei bemerkt, längst nicht so viel Duft abgeben wie wir.[2] Den Artge-

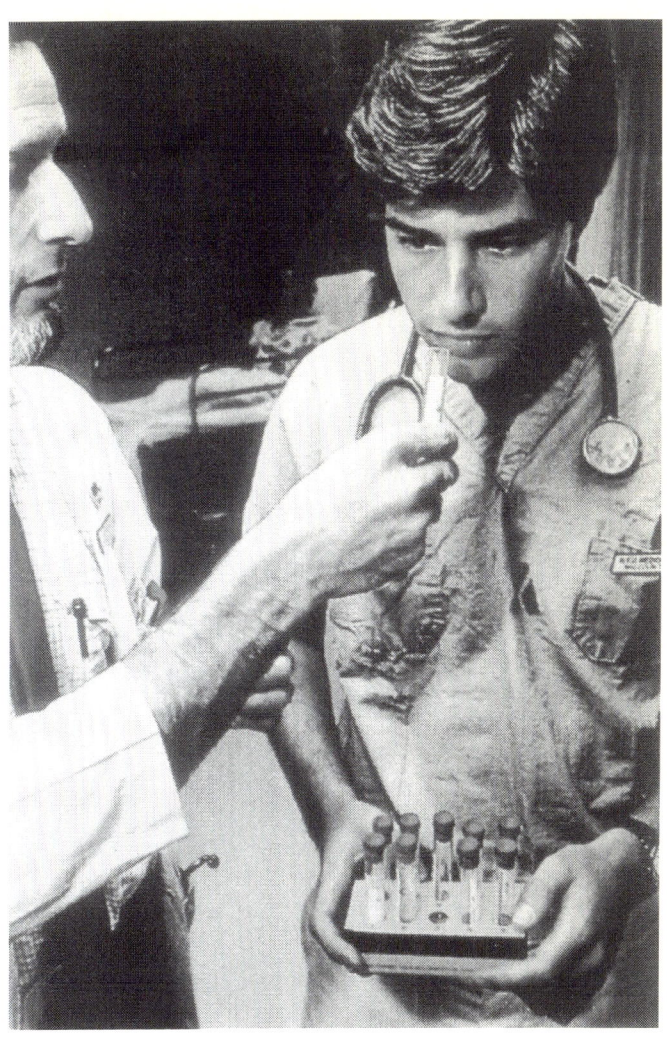

Abb. 1: Schulung des medizinischen Personals auf
Körpergerüche und Krankheiten.

ruch des Menschen können wir allerdings nur als Oberduft verstehen, weil es durchaus unterschiedliche Gerüche bei verschiedenen Völkern und Ethnien gibt. So geben etwa Japaner und Chinesen weniger Körpergeruch ab und duften anders als Europäer. Darüber hinaus duften Männer anders als Frauen und Kinder anders als Erwachsene. Alle Menschen senden aber, wie gesagt, einen Menschenduft aus, und so ruft denn auch der Teufel in einem Märchen der Gebrüder Grimm nicht von ungefähr aus: »Ich rieche, rieche Menschenfleisch.«[3]

Sobald von Körpergerüchen die Rede ist, versagt uns normalerweise die Sprache, und wir müssen den Weg der Umschreibung wählen, um zu bezeichnen, wovon wir reden. So sprechen wir vom Schweiß- oder Bocksgeruch, der dem Achselgeruch die entscheidende Geruchsnote gibt, oder wir sagen, sofern wir genügend Kenntnis besitzen, daß die Kopfhaut vorwiegend nach Milch und Pfirsich duftet und sich im Hintergrund noch eine Käse- und Fettnuance ausmachen läßt. Wir weisen also bei Düften auf Dinge, die diese oder jene Geruchsnote besitzen, und es steht ganz außer Frage, daß diese Dinge ohne diese Gerüche entweder fade oder gar nicht existent wären. Ein Pfirsich entwickelt nun einmal Pfirsichduft, und ohne Ziegenbock gibt es keinen Bocksgeruch.

Aber nicht nur die Bezeichnungen der Düfte machen uns Schwierigkeiten, auch die Qualität eines Geruchs läßt sich schlecht fassen. Dementsprechend bezeichnen wir einen Duft als angenehm, schön, reich, stinkig oder voll etc. Häufig lehnen wir uns sogar begrifflich an unsere anderen Sinne an, weil diese nämlich Bezugssysteme haben. Bezogen auf den Geschmackssinn ist dann etwa die Rede vom sauren Achselgeruch oder einem süßen Parfüm, hinsichtlich des Tastsinns können Gerüche zum Beispiel mit den Eigenschaften warm, kühl oder stechend umschrieben werden, und was den Gesichts- und Gehörsinn anbelangt, so spricht man nicht zuletzt von einer grünen Note oder einem schrillen Duft. Letztendlich haben wir jedoch keine eigenen Begriffe für das, was unsere Nase tagtäglich identifizieren muß,[4] obgleich das möglich ist, wie man beispielsweise an den totonakischen Sprachen Südmexikos sehen kann.[5]

Dennoch werden immer wieder Versuche unternommen, die Empfindungen der Nase meßbar zu machen.[6] Insbesondere in der Parfümherstellung ist man bemüht, den Gerüchen Namen zu geben, indem man Duftgruppen bildet und Zuordnungsprinzipien entwickelt, so daß eine Verständigung über bestimmte Düfte immer eindeutiger werden kann. In die Alltagssprache sind diese Namen und Systeme aber noch nicht übernommen worden, und folglich wissen wir nicht wirklich, was man unter saurem Achselschweiß versteht oder unter dem lieblichen Körper- und Atemgeruch von Alexander dem Großen, der an den Geruch von Veilchen erinnert haben soll.

Zwar versucht man alles, was die Geruchswahrnehmung betrifft, zu objektivieren, indem man Meßverfahren und Geräte entwickelt, die das menschliche Geruchsvermögen oder Geruchskonzentrationen bestimmen können, aber Basis all dessen ist die Nase selbst. Sie ist es auch, die bei geringsten Duftkonzentrationen die besten Geruchsdiagnosegeräte, die sogenannten Gaschromatographen, in den Schatten stellt, denn selbst eine ungeschulte Nase übertrifft immer noch den besten Gaschromatographen. Sie sehen, die Sprachlosigkeit Ihren Düften gegenüber ist eigentlich

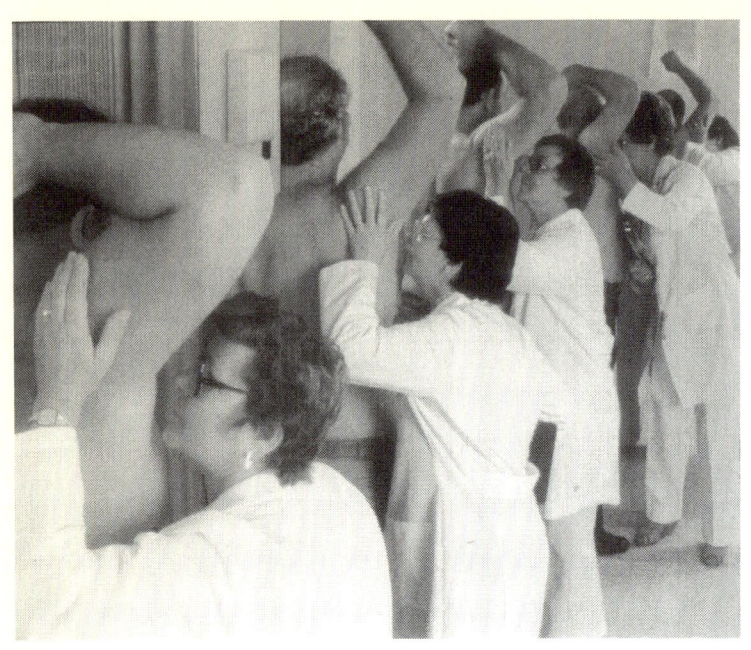

Abb. 2: Achselschnüffeln im Namen der Wissenschaft.

nichts Besonderes, und Ihre Geruchsfähigkeit schlägt im Normalfall den besten Geruchsautomaten.

Allerdings ist die Nase nicht immer der beste Geruchsdetektor, wie man unzweifelhaft feststellen kann. Sie versagt etwa eindeutig beim eigenen Mundgeruch. Selbst Tricks, wie in die eigene Hand oder in eine Plastiktüte zu blasen, um anschließend das Ausgeatmete zu beschnüffeln, helfen nicht weiter. In diesem Fall bleibt nur die Hoffnung auf die Einführung eines kleinen Apparates japanischer Herkunft, der vor ein paar Jahren im Fernsehen vorgestellt wurde. Er soll die Gestanksmoleküle des Atems erkennen und durch ein rotes Lämpchen den Benutzer des Gerätes warnen.[7] Soweit mir bekannt ist, gibt es diese Art der Geruchsdetektoren für andere Körpergerüche noch nicht, obgleich sie besonders geruchsblinden Menschen bei der Körperhygiene behilflich sein könnten.

Immerhin müssen nach Schätzungen 1,2 % der Bevölkerung ohne Geruchssinn leben. Nicht zu vergessen sind auch all jene Menschen, die unter partieller Anosmie leiden, das heißt, die entweder für eine gewisse Zeit bestimmte Gerüche nicht wahrnehmen können oder die generell bestimmten Gerüchen gegenüber blind sind.[8] Die Betroffenen wissen häufig nichts von ihrer eingeschränkten Riechfähigkeit, wie ich selber einmal bei einem Bekannten feststellen konnte. Diesen hatte ich gebeten, seinen Achselschweiß des Nachts auf einem Pad aufzufangen, um ihn für eine Geruchstestreihe mit Studenten zu verwenden. Ich hatte ihn unter anderem ausgewählt, weil mir sein starker und eigenwilliger Geruch schon bei unserer ersten Begegnung aufgefallen war. Als er mir die Pads in einem Glas aushändigte, tat er es mit den Worten: »Tut mir leid, ich habe alles nach Anweisung gemacht, aber sie riechen überhaupt nicht.« Sowohl ich als auch meine Testpersonen konnten jedoch das genaue Gegenteil feststellen. Schon beim Öffnen des Glases kam uns ein durchdringender und scharfer Männergeruch entgegen.

Mein Bekannter ist wahrscheinlich, wie etwa 2 % der restlichen Bevölkerung, gegenüber humanem Schweißgeruch blind. Dieser Geruch stellt einen spezifischen Artgeruch des Menschen dar und ist die vorherrschende Note unseres Achselgeruchs. Man schätzt sogar, daß 3 % der Menschen keinen Kotgeruch und 40 % keinen Uringeruch wahrnehmen können.[9] Ein Teil der Bevölkerung ist auch nicht in der Lage, gewisse Veränderungen von Körpergerüchen auszumachen, wie sie etwa durch Ernährung[10] oder Hormonprozesse ausgelöst werden.

Aber auch gegenüber Moschus oder Sandelholzduft zeigen sich manche Menschen geruchsblind. Dabei handelt es sich um Düfte, die sowohl in Parfümen als auch im Achsel- oder Intimduft vorkommen. Gerade die Moschusdüfte gehören zu den am meisten untersuchten Gerüchen, und dementsprechend gründlich erforscht sind ihr Vorkommen, ihre Wirkung und Wahrnehmung. Bezogen auf den Menschen ist beispielsweise bekannt, daß Männer mehr Moschusduft als Frauen produzieren. Frauen wiederum sind besser als Männer in der Lage, diesen Duft wahrzunehmen,[11] und sie reagieren nach der Pubertät hundertmal sensibler auf ihn als Männer.[12] Darüber hinaus ist die Geruchsempfindlichkeit gegenüber Moschus bei Frauen vom Hormonhaushalt abhängig. Der Grad der Empfindlichkeit ist zum Beispiel bei empfängnisfähigen Frauen während des Eisprungs am höchsten und sinkt dann bis zum Zeitpunkt der Menstruation auf den niedrigsten Stand.[13] Mit der Entfernung der Eierstöcke kann die Geruchswahrnehmung gegenüber Moschus sogar völlig erlöschen, wobei Östrogenverabreichungen zur erneuten Mobilisierung dieser Fähigkeit führen.[14]

Sie verstehen nun, daß meine Aufforderung, zunächst die eigenen Körpergerüche einmal bewußt wahrzunehmen, um zu wissen, worüber gesprochen wird, durchaus berechtigt ist. Ferner stellt sich die Frage: Können Sie wirklich jeden Ihrer Körperdüfte wahrnehmen und auch alle Düfte an anderen Personen? Aber selbst wenn Sie dazu nicht vollständig in der Lage sind, so könnten Sie doch auf diesem Wege erfahren, daß die körpereigenen Düfte immer präsent sind und daß Sie ein besonderes Verhältnis zu Ihren Körperdüften haben.

Vielleicht ist es ein »uneindeutiges Verhältnis«. Möglicherweise gehören Sie zu den Menschen, die nichts mehr fürchten, als nach Schweiß zu riechen, aber ihren Geruch eigentlich ganz gern mögen. Es ist aber auch möglich, daß Sie zu jenen gehören, die den eigenen Duft gänzlich ablehnen, aber auf den Achselduft des Partners oder der Partnerin »tierisch abfahren«.

Viele Geruchsneigungen sind in bezug auf die Körpergerüche möglich, insbesondere wenn es um die Sexualität geht. Das Spektrum reicht von Ablehnung bis hin zum Geruchsfetischismus und von der Bevorzugung des Körpers mit Duftstoffen bis hin zur Ablehnung oder Bevorzugung einzelner Körperdüfte. In meinem Buch gehe ich der Frage nach, welche Bedeutung Gerüche in der Liebe und Erotik spielen, wie sie wahrgenommen werden und wie mit ihnen umgegangen wird. Grundlage meiner Betrachtung sind mehr als hundert intime Erlebnisse und Erfahrungen, die mir von unterschiedlichsten Frauen und Männern zwischen 15 und 83 Jahren schriftlich mitgeteilt wurden.[15] Es handelt sich dabei um kurze und längere Briefe und Mitteilungen, für die ich mich an dieser Stelle ganz herzlich bedanken möchte, ebenso wie für das mir entgegengebrachte Vertrauen und für die Unterstützung meiner Arbeit.

Alle kursiv geschriebenen Textpassagen sind Zitate aus diesen Briefen und Mitteilungen. Veränderungen wurden nur dann vorgenommen, wenn Rechtschreibung, Grammatik sowie Zeichensetzung nicht stimmten oder der Text unvollständig war. So wurden etwa in fünf Prozent der schriftlichen Dokumente fehlende Worte ergänzt, wenn diese eindeutig auszumachen waren, oder der Text »geglättet«, wenn eine allzu konfuse Beschreibung vorlag. In keinem Fall wurde jedoch der Tonfall oder das Vokabular verändert, selbst wenn ich dies mancherorts gern wegen des allzu rüden Ausdrucks getan hätte. Zu Auslassungen (...) im schriftlichen Material kam es lediglich, wenn Textpassagen an anderer Stelle verwendet wurden oder wenn es sich um verzichtbare Abschnitte handelte, etwa Einleitungen in Briefen oder Bemerkungen, die an mich persönlich gerichtet waren.

18,5 % der Schreiber und Schreiberinnen sind homo- oder bisexuell. Ich selbst habe für diese Untersuchung keinen Anlaß gesehen, eine Auswertungsunterscheidung bezüglich der sexuellen Orientierung vorzunehmen. Aber weil es für manchen Leser vielleicht von Belang ist, habe ich es dort, wo es nicht aus den Stellungnahmen hervorgeht, entsprechend vermerkt.

I. Kapitel

GERUCHSERINNERUNGEN

Proust schreibt in seinem Werk *Auf der Suche nach der verlorenen Zeit*: »Aber wenn von einer früheren Vergangenheit nichts existiert nach dem Ableben der Personen, dem Untergang der Dinge, so werden allein, zerbrechlicher aber lebendiger, immateriell und doch haltbar, beständig und treu Geruch und Geschmack noch lange wie irrende Seelen ihr Leben weiterführen, sich erinnern, warten, hoffen, auf den Trümmern alles übrigen und in einem beinahe unwirklichen winzigen Tröpfchen das unermeßliche Gebäude der Erinnerung unfehlbar in sich tragen.«[1]

Und in der Tat setzen der Geruch und der Geschmack auf eine ganz unverwechselbare Weise Erinnerungen frei.[2] Stets versetzt uns etwa die Begegnung mit einem Duft aus der Vergangenheit in einen ganz besonderen Körper- und Seelenzustand, und wir erinnern uns auf eine viel umfassendere Art und Weise, als dies zum Beispiel allein durch einen Seheindruck möglich wäre. »Von den fünf Sinnen hat der Geruchssinn den heißesten Draht zur Vergangenheit«,[3] behauptet daher auch der bekannte US-amerikanische (Pop-) Künstler Andy Warhol, was wohl im wesentlichen an seiner Unmittelbarkeit liegt. Gerüche können uns unverhofft, von einer Sekunde auf die andere, in eine andere Zeit versetzen und all jene schönen oder schrecklichen Sekunden, Stunden oder sogar Tage auferstehen und wieder all jene Gefühle aufleben lassen, die mit eben dieser Situation verknüpft waren. Bei Prousts Erzähler in *Swanns Welt* war es der Duft der Madeleine, die in Lindenblütentee eingetaucht wurde, der plötzlich und ohne irgendwelches Zutun Erinnerungen an längst vergangene Zeiten wachrüttelte und *sein Combray* wieder auferstehen ließ.

Richtig betrachtet, handelt es sich bei derartigen Geruchserinnerungen um Gemütsbewegungen mit inneren Bildern, die sich in ihrer wahrhaftigen Erscheinung nicht beschreiben lassen. Man denke zum Beispiel an den »Geruch von Weihnachten«. Dieser »Weihnachtsgeruch«, und jeder weiß ja, wovon die Rede ist, obwohl wir für ihn keine genaue Bezeichnung haben, vermag auch zum falschen Zeitpunkt und an einem falschen Ort, also eben nicht an Weihnachtstagen, Weihnachtsgefühle zu wecken. Kaum steigt er in die Nase, macht sich beispielsweise ein Gefühl breit, das wir sonst beim Anblick eines Weihnachtsbaumes empfinden, und es regen sich Gelüste auf Zimtsterne und Gänsebraten. Bei dem einen oder anderen tauchen vielleicht zugleich Bilder von Zuhause oder irgendwelche kleinen Details auf, die vollkommen vergessen schienen. Plötzlich fühlt sich sogar mancher wie ein Kind, oder man sieht die Großmutter mit einer nur ihr eigenen Geste vor sich. Warum gerade dieses Detail, fragt man sich, und warum denke und fühle ich gerade dies oder das?

Hier greift die Psychologie der Geruchserinnerung, die Teil des Mysteriums des Duftes ist und mit der wir im Grunde immer konfrontiert werden, wenn es um Gerüche geht. Diesem Geheimnis gilt es auf die Spur zu kommen, um damit die Skepsis, die wir gegenüber den Gerüchen bzw. dem Geruchssinn entwickelt haben, zu überwinden. Wir mißtrauen nämlich dem Geruchssinn, weil er einerseits unberechenbar ist – und zwar in jeder Beziehung – und andererseits so viel Macht über uns besitzt. Er arbeitet bekanntlich zumeist unterschwellig, versteckt und nimmt wenig Rücksicht auf das, was der Verstand zu seinen Empfindungen sagt. Auch kann er nur zur Räson gebracht werden, wenn die Gefühle »Ruhe geben«, etwa wenn in einem langen Prozeß der Gewöhnung sich eine gewisse Akzeptanz gegenüber einem speziellen Geruch entwickelt hat. So teilte mir beispielsweise ein 30jähriger Student mit:

Ich war dreieinhalb Jahre lang ... bei der Bremer Wollkämmerei beschäftigt. Am Tage meines Arbeitsantritts fiel mir bei meiner Betriebsbegehung der in einigen Betriebsteilen herrschende starke Geruch von Wollfett (Lanolin) auf. Dieser Geruch war mir von der Penaten-Creme her bekannt, die meine Mutter öfter benutzte. Ich empfand den Geruch der Penaten-Creme zuvor immer als – zwar nicht unangenehm – doch sehr intensiv und konnte ihn in einem gewissen Abstand und selbst durch die geschlossene Dose wahrnehmen.

Im Rahmen meiner Tätigkeit kam ich fast täglich durch die betreffenden Betriebsteile, und nach wenigen Monaten fiel mir auf, daß ich den Geruch nur dann noch wahrnahm, wenn ich mich darauf konzentrierte. Meine Gewöhnung an diesen Geruch erfolgte allerdings nicht nur durch den Kontakt dort, sondern auch in meinem Büro, wo ein Kollege als Verkäufer des Wollfetts häufig Fettproben ausschmolz.

Bald fiel mir auf, daß ich den Geruch der Penaten-Creme daheim als lange nicht mehr so stark emp-

fand und, um ihn zu riechen, fast mit der Nase in die Dose mußte.

Obwohl es nun fast sechs Jahre her ist, daß ich die Wollkämmerei verließ, hat sich mein olfaktorisches Wahrnehmungsvermögen für den typischen Lanolingeruch und für die Penaten-Creme meiner Meinung nach kaum oder nur geringfügig regeneriert.

Zwar denke ich auch heute noch bei dem Geruch der Penaten-Creme in erster Linie an meine Mutter, doch bringt er nahezu als nächstes eine bestimmte Erinnerung an die Wollkämmerei zurück.

Manchmal kann offensichtlich die Geruchserinnerung nie ganz zur Ruhe gebracht werden,[4] wie dieses anschauliche Beispiel zeigt. Der Geruchssinn hat eben sein eigenes Regelwerk, weitab von dem, was wir Ratio nennen. Mißtrauisch beäugen wir deshalb alles, was mit ihm zu tun hat, und die Philosophie spricht ihm sogar jedwede Erkenntnisfähigkeit ab.

Bei Prousts Duft und beim Weihnachtsduft handelt es sich, wie wir gesehen haben, um ein besonderes Duftgemisch, aber auch jeder andere Geruch, auch ein einzelner, kann in dem hier beschriebenen Sinne ein potentieller Erinnerungsstoff sein. Es kommt eben nur darauf an, ob ein Duft für einen Menschen Bedeutsamkeit erlangt hat; in diesem Fall wird er zwangsläufig Erinnerungen wachrütteln. »Da sind sie dann, die geliebten Erinnerungen oder wunderschönen Phantasien oder Wehmut ...«, schreibt eine 28jährige Frau über die Begegnung mit Gerüchen, die sie zuvor an ihrer Geliebten wahrgenommen hat.

Nichts, aber auch gar nichts kann dem Geruchsgedächtnis im Augenblick des Erinnerns Einhalt gebieten, insbesondere dann nicht, wenn ein Duft starke

Gefühlsspuren hinterlassen hat. Es verhält sich dann gerade so, als ob das Duftgedächtnis beharrlich auf eben diesen Duftaugenblick gelauert hätte, nur um im richtigen Moment zuzuschnappen. Dabei sind Geruchserinnerungen stets mit unvermeidlichen Affekten verbunden, die zwischen angenehm und unangenehm unterscheiden und die Gefühle der Lust oder Unlust freisetzen sowie komplexe Gefühlsregungen auslösen können; Gefühlsregungen, die sich letztendlich hinter den Worten Sehnsucht, Heimweh, Wohligkeit, Geborgenheit oder Aversion, Ekel, Schauerlichkeit, Haß, Wollust usw. verbergen.

Wir sehen also, daß die Worte nicht nur versagen, weil wir einen Geruch nicht definieren können, sondern auch weil wir sprachlos gegenüber bestimmten Gerüchen sind, denn unsere Gefühle werden unverhofft geweckt und aufgeschreckt. Düfte sind in der Lage, uns zu überwältigen, »umzuhauen« oder gar mundtot zu machen. Jeder von uns hat diese Erfahrung schon einmal gemacht. Da stinkt es plötzlich fürchterlich, und man hat keine Worte, um den Ekel zu beschreiben, den man beim Einatmen des Gestanks empfindet. Was bleibt, ist die Flucht, weg von dem Geruch. Manchmal kann man auch den Geruch eines Menschen nicht ertragen, und dafür lassen sich dann weder Erklärungen finden, noch weiß man zu sagen, was es genau ist, das einem dieses »merkwürdige Gefühl der Abneigung« vermittelt.

Umgekehrt betören einige Gerüche derart, daß sie wie ein Magnet anziehen, ein Entzücken auf Gesichter zeichnen und dem Riecher wollüstige Töne entlocken können. Gar mancher wird sogar in einen Rausch versetzt, ist wie von Sinnen und sexuell erregt, wie sich noch zeigen wird. Und auch dieser Geruchszustand

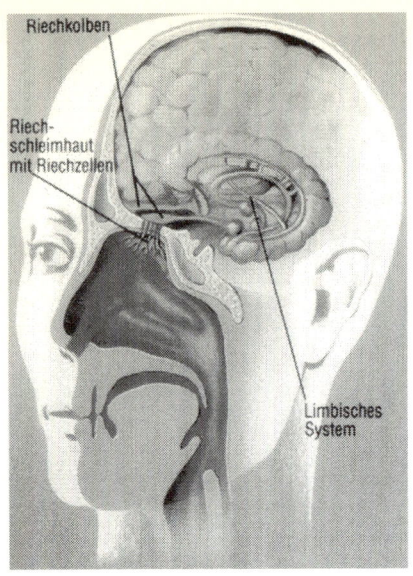

Abb. 3: Riechapparat.

macht sprachlos und löst Emotionen aus, denen wir
mit Worten nicht beizukommen vermögen.

Wie spärlich auf der einen Seite die Worte auch
sein mögen, wenn es gilt, Düfte zu beschreiben, so
reichhaltig sind die Gefühle, die bei der Dufteinat-
mung geweckt werden. Das mag Ursachen haben, die
mit der Verarbeitung der Duftreize im Gehirn zusammenhängen. So liegen das Riechen und Sprechen
nicht nur weit voneinander entfernt, sondern zudem
noch in verschiedenen Bereichen des Gehirns. Anders
als etwa Geschmacksinformationen, die ebenso wie
das Sprechen an die Hirnrinde (Denkapparat) weitergeleitet werden, landen Geruchsinformationen im
limbischen System. Das limbische System ist nun aber
ein stammesgeschichtlich gesehen sehr alter Teil des

Gehirns, der auch für die Triebe und für die Gefühle zuständig ist. Man kann also einerseits zurecht die Frage stellen, »ob das Riechen ein Ursinn ist, der für frühere Menschen eine viel größere Bedeutung hatte«,[5] und andererseits berechtigterweise annehmen, daß das Riechen und das Gefühl sowie der Geruch und die Sexualität zusammengehören.

Gerüche sind meiner Meinung nach nicht nur das »Tor zur Seele«[6], sondern sie sind auch der Schlüssel zur Sexualität. Im Tierreich ist das ganz unverkennbar.[7] Bestimmte Düfte (Sexualpheromone) regeln dort das der Art entsprechende Geschlechtsleben. Sie können männlichen oder weiblichen Tieren den Weg zum Geschlechtspartner weisen, zeigen die Geschlechtsreife an und den Zeitpunkt der Befruchtungsfähigkeit sowie den richtigen Moment, um mit dem Weibchen gefahrlos zu kopulieren. Sie versetzen beispielsweise das Weibchen in eine Duldungsstarre oder betören es, bis es bereit ist. Freilich ist es bei den Menschen anders, weder fallen Frauen in die Duldungsstarre, wenn sie männliche Gerüche wahrnehmen, noch nehmen Männer die Fährte auf, wenn sie weibliche Düfte ausmachen. Zumindest gibt es hierfür keine wissenschaftlichen Belege. Nur einige Schriftsteller wagen es, diesbezüglich das menschliche Verhalten mit dem tierischen gleichzusetzen, wohl weil sie keine Schelte von den menschlichen Säugetieren aus der Forschung zu erwarten haben.

So erzählt etwa Italo Calvino in einer Novelle von einem begüterten und angesehenen Mann, Monsieur des Saint-Caliste, der sich wie ein Vierbeiner verhält. Dieser Mann lebt in einer Zeit, in der man noch ganz inkognito auf Maskenbälle zu gehen pflegt, und so kommt es auch, daß sich eines Tages seine Walzerpartnerin weigert, ihren Tüllschleier zu lüften. Er aber ist ihren Reizen so oder so erlegen, besonders ihrem Duft, und will sie anhand ihres Parfüms ausfindig machen. Ihm war nämlich, als hätte er die »Seele einer Tigerin« eingeatmet, und so versucht er in einer Parfümerie so schnell wie möglich ihren Parfümduft zu identifizieren, denn er hat Angst, daß der Duft aus seinem »Gedächtnis verdunstet«. Bei der Duftsuche und Überprüfung der ihm unter die Nase gehaltenen Flakons sinniert er schließlich:

Und ging's mir nicht ebenso, als die Savanne die Wälder die Sümpfe ein Netz von Gerüchen waren und wir gesenkten Kopfes dahintrabten ohne den Kontakt mit dem Erdboden zu verlieren, wobei wir uns mit den Händen und mit der Nase den Weg suchten, und alles was wir kapieren mußten kapierten wir mit der Nase eher als mit den Augen, Mammut Stachelschwein Zwiebel Dürre Regen sind alle zuerst Gerüche die sich von den anderen Gerüchen abheben, das Eßbare Uneßbare Unsere Feindliche die Höhle die Gefahr, alles spürt man zuerst mit der Nase, alles ist in der Nase, die Welt ist Nase, wir von der Horde wissen mit der Nase wer zur Horde gehört und wer nicht, die Weibchen der Horde haben einen Geruch der ist der Geruch der Horde, und dazu hat jedes Weibchen noch einen Geruch der es von den anderen Weibchen unterscheidet, zwischen uns, zwischen ihnen ist auf den ersten Blick nicht viel Unterschied, wir sehen alle gleich aus und wozu solln wir lange dastehn und schauen, der Geruch, ja den hat jeder ein bißchen anders als die andren, der Geruch sagt dir gleich ohne Fehl was du wissen mußt, es gibt keine Worte oder Nachrichten die präziser sind als die die du mit der Nase empfängst. Mit

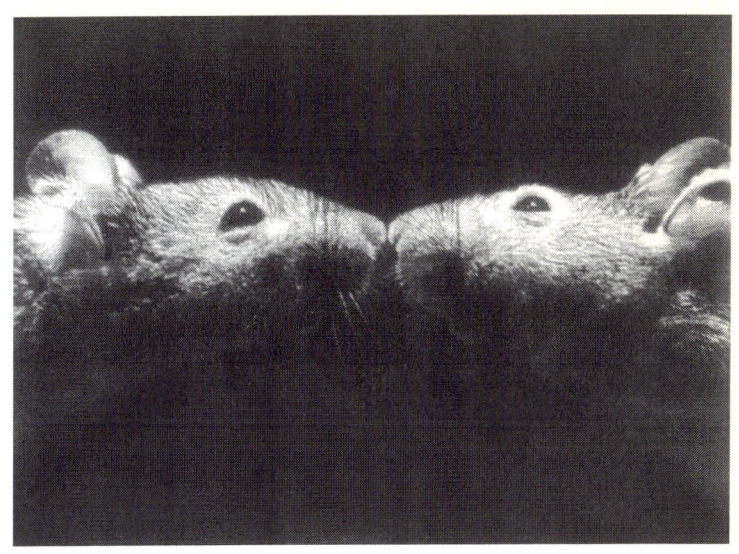

Abb. 4: Pheromone steuern das Sexualleben der Mäuse.

der Nase hab ich herausgefunden daß in der Horde
ein Weibchen ist das nicht wie die andren ist, nicht
wie die anderen für mich für meine Nase, und ich
bin ihrer Spur im Gras nachgelaufen, hab mit mei-
ner Nase alle Weibchen beschnuppert die vor mir
gelaufen sind vor meiner Nase in der Horde, und da
hab ich sie gefunden sie war's die mich gerufen hatte
mit ihrem Geruch mitten unter all den andren Gerü-
chen, da jetzt sauge ich sie mit der Nase ein, sie,
ganz, ihren Liebesruf.[8]

Zweifellos könnte man diese Mutmaßung, daß nämlich der Mensch im Zustand des Verliebtseins oder,
besser gesagt, im Zustand seines gesteigerten Ge-
schlechtstriebs hinsichtlich seines Geruchssinns zum
Tier wird, mit einem Schlage vom Tisch wischen und
behaupten: Nichts dergleichen ist beweisbar, höchstens kann es sich um das Hirngespinst eines zum Geruchsfetischismus neigenden Menschen handeln. Ich
würde bei dieser Argumentation allerdings etwas vor-
sichtiger sein, denn wie Hermann Dekker ganz richtig
behauptet, zeigen »immerhin ... manche uns krank-
haft vorkommenden Fälle, daß der Geruch diesen
Trieb stark beeinflussen, leiten und irreleiten kann«.
Schon aus diesem Grunde läßt sich ein gewisser Zusammenhang zwischen Nase und Geschlechtstätigkeit
niemals abstreiten, wenngleich, wie Dekker 1911 zugesteht, »diese Beziehung sehr unklar und verschwom-
men ist« und man »sie nicht leicht nachweisen kann,
da bekanntlich eine große Menge anderer Fragen bei
der Gattenwahl mitspricht, die mit diesem Naturtriebe
nichts zu tun haben.«[9]
    Man denke nur daran, daß hin und wieder das
Bankkonto, der Titel oder der Bekanntheitsgrad einer

Person entscheidend sein können, damit diese auf manche Menschen erotisch anziehend wirken. Aber das ist nicht die Regel, wie es ja auch nicht die Regel ist, daß man sich einen Partner aus Fernost kommen läßt oder daß der Geschlechtspartner von Dritten bestimmt wird.

Gewöhnlich treffen wir unsere Partnerwahl selbst, wobei von den fünf Sinnen der Geruchssinn nicht unbedingt derjenige sein muß, der hierbei entscheidend ist, aber mit großer Gewißheit fällt er die letzte Entscheidung, wenn es intim wird. Davon bin ich nach meinen bisherigen Studien zum Thema Geruch und Sexualität fest überzeugt. Stimmt der Geruch nämlich nicht, dann zieht sich im günstigsten Fall derjenige zurück, der von bestimmten Körpergerüchen des Partners »irritiert« ist,[10] und im ungünstigsten Fall nimmt die Natur vielleicht ihren Lauf, indem sie etwa eine Befruchtung verhindert. Letzteres läßt sich zumindest aus der Beobachtung von Fertilisationsexperten ableiten, die eine Beziehung zwischen den Körpergerüchen der Elternteile und erfolgreicher künstlicher Befruchtung feststellten. Zu häufigen Fehlschlägen kam es immer dann, wenn die Geruchsprofile der Elternteile sich zu ähnlich waren,[11] wobei die »falsche Geruchsauswahl des Partners« etwa auf hormonelle Kontrazeptiva (Pille) oder auf künstliche Duftstoffe zurückzuführen war.

Die richtige Wahl des Partners nach dem Geruch zu bestimmen, das klingt zunächst sehr unwahrscheinlich, aber man vermutet in der Tat, daß die Präferenz eines bestimmten Körpergeruchs genetisch festgeschrieben ist, wie ja auch der eigene Körpergeruch vererbt wird. Grundlage dieser Vermutung sind im wesentlichen die Ergebnisse aus der Tierforschung.[12] Bis man aber hieb- und stichfeste Beweise hat, wird es wohl noch einige Zeit dauern; denn wie schon angedeutet, hütet man sich zumeist davor, den Menschen und das Tier auf dieselbe Stufe zu stellen, was das sexuelle Geruchsverhalten betrifft. Deshalb unterbleiben ganz einfach diverse Untersuchungen am Menschen.[13]

Um die große Einflußnahme des Geruchssinns im Hinblick auf die Sexualität zu veranschaulichen, will ich zunächst die *Geruchserinnerung* näher beleuchten, die auf so geheimnisvolle Weise nicht nur mit unseren Genen verknüpft zu sein scheint, sondern auch mit unserer Biographie. Die folgenden Mitteilungen sind dafür Zeugnis.

Diesen Duft würde ich immer
wiedererkennen

Ein 22jähriger Mann schickte mir folgenden Brief:

Geruch und Sexualität sind für mich synonym. Über den Geruch erkenne ich, ob eine attraktive Frau auch anregend ist; ihr Geruch erregt mich, je mehr ich ihn aus den weniger persönlichen Zusatzstoffen entrochen habe; und dieser Geruch nistet sich in verborgene Winkel meines Körpers ein und ruft die Erinnerung an lucide, lustvolle Stunden wach, wenn die Duftquelle längst im schattigen Reich des Vergessens verblieben schien. (...)

Schließlich bleibt nur mehr ein Beispiel zu wählen, um die Ekstase anzudeuten, in die der Geruch einer Geliebten mich bringen kann. Meine erste große Liebe hieß Nina und roch nach einem Parfüm, »Venice«, das in einer rubinroten Phiole gehandelt wird. Wie ein Gift in kleinen Dosen war ich abhängig von diesem Duft. Süß und schwer legte er sich auf meine Sinne, als Amors Pfeil zum ersten Mal mich verwundete, und als ich sie endlich – ein Jahr später – unter mir dahinschmelzen fühlte, schien mir, als würden die Grenzen unserer Körper verschmelzen in der uns umgebenden Wolke von Wärme, Wollust und – unseren ureigensten Gerüchen, die aus allen Poren strömten und sich ineinanderwoben.

Ihr Geschlecht roch süß und betäubte, wie Nelken und Ambrosia. Ihre Achseln dienten mir als Ruheort, an dem ich bleiben wollte. (»Verweile doch, es

33

*ist so schön«) In ihrem Haar nistete der Duft von
Jugend, so weich und erdbeerrot, daß ich damit
mein Gesicht bedeckte.*

*Dies alles ging mit obigem Parfüm einher. Roch ich
es, war ich erregt. Rieche ich es heute, reißt die
Wunde der verlorenen Unschuld wieder auf, und in
dem süßen Schmerz erkenne ich, daß ich in diesem
Geruch eine kleine Ewigkeit der Liebe genauso gefunden habe wie den Verfall der Schönheit, nach der
strebend ich mein Leben verzehre.*

*Und dann ist der Augenblick vorbei; der Geruch
verweht.*

*Allein mit mir tröste ich mich, daß so wie bei IHR
es nie wieder riechen wird.*

Bei diesem Mann können sich die Körpergerüche einer
Frau, wie er schreibt, »in verborgene Winkel seines
Körpers einnisten und Erinnerung an lucide, lustvolle
Stunden wachrufen«. Für ihn spielen darüber hinaus
auch künstliche Duftstoffe eine beträchtliche Rolle.
Sie können ihn abstoßen, aber auch erregen, wie Körpergerüche. So der Parfümduft, den er bei seiner ersten
großen Liebe wahrgenommen hatte. Der Geruch dieses Parfüms prägte sich auf eine besondere Art und
Weise in sein Gedächtnis ein, so daß der Duft noch
heute »die Wunde der verlorenen Unschuld« wieder
aufzureißen vermag.

Es ist nicht ungewöhnlich, daß man durch Parfümdüfte an bestimmte Personen erinnert wird, weil man
den künstlichen Duftstoff als Bestandteil des Trägers
begreift. Hat man etwa einen Menschen mit einem
speziellen Duft kennen- oder gar liebengelernt, so gehört der Duft einfach zu ihm dazu. Wird dann späterhin der Duft isoliert wahrgenommen, steht die ent-

Abb. 5: Parfümwerbung aus dem Jahr 1993.

sprechende Person »unsichtbar« dahinter – und damit auch die mit ihr verbundenen Erlebnisse. So teilt beispielsweise ein 25jähriger Mann mit:

Mit sechzehn Jahren hatte ich eine große Liebe, doch kaum begonnen, war sie schon vorbei. Der Grund, sie zog mit ihren Eltern um. Die Beziehung hatte das Stadium der jugendlichen Küsse nie überschritten. Zum Abschied schenkte sie mir eine Stoffmaus. Von dieser Maus ging ein sehr starker Geruch aus; heute würde ich sagen, sie war parfümiert.

Mit meiner damaligen pubertären Vorstellungskraft bildete ich mir ein, der Geruch der Maus sei ihr Liebessaft, der mir vorenthalten bleiben sollte. Er beflügelte meine Phantasie. Ich legte die Maus in einen Blechkasten, der heute immer noch das Parfüm verströmt, sobald ich ihn öffne.

Selbst wenn ich damals die Maus nicht in meiner Nähe hatte, hatte ich manchmal den Geruch in der Nase. Traf ich Frauen auf der Straße, die das gleiche Parfüm verwendeten, irritierte mich das sehr.

Und eine 25jährige Frau schreibt:

(...) Kurios an der Sache [mit dem Geruch] ist vielleicht, daß für mich der typische Geruch nicht nur im Eigengeruch meines Freundes besteht, sondern in der Verbindung mit »seinem« Eau de Toilette (in dem Fall Fahrenheit von Dior). Sicherlich deshalb, weil ich ihn damit kennengelernt habe und weil es sich eingebürgert hat, daß er sich vorm Schlafengehen manchmal »einduftet« und mich das sicher auch antörnt. (...)

Oder ein 24jähriger Mann:

Das Ereignis, von dem ich erzählen möchte, liegt schon einige Jahre zurück: Ich war damals 17, meine Freundin 16. Wir gingen zur selben Schule und sahen uns häufig. Wann immer sich die Gelegenheit bot, schmusten wir rum. Wir haben nicht miteinander geschlafen, wir schmusten manchmal nur sehr heftig. Manchmal auch so heftig, daß wir gleich hätten miteinander schlafen können, ließen das aber aus mir bis zum heutigen Tag unbekannten Gründen sein. Am liebsten hatte ich es, ganz dicht bei ihr zu sein. Ihr Parfüm und diese heiße Nähe ihres Körpers rochen einfach unglaublich. Sie wußte das und benutzte das Parfüm auch gerne.

Nun gut, jeder kann es sich denken, diese Liebe war nicht von Dauer: Sie wechselte die Schule – ich habe sie nie wiedergesehen.

Zwei Jahre später, ich lümmelte gerade in einer Diskothek herum, da hatte ich plötzlich diesen mir ja ach so vertrauten, süßen und doch erdigschweren Geruch in der Nase. Sofort wußte ich: Sie ist hier! Ich blickte suchend umher, konnte sie jedoch in der Menge nicht finden. Meine Freunde hatten sie auch nicht gesehen, es war ernüchternd: Sie ist nicht dagewesen, irgendeine andere hatte zufällig das gleiche Parfüm benutzt.

Meine (Ex-)Freundin habe ich inzwischen wiedergetroffen, so ganz normal auf der Straße. Von Geruch und knisternder Erotik keine Spur, wir verabschiedeten uns schnell.

Mittlerweile erkenne ich einige Menschen am Geruch (sehr praktisch beim Versteckspielen) bzw. habe zu bestimmten Gerüchen bestimmte Menschen im Kopf. Dieser eine Geruch jedoch ist für mich so

anziehend, daß mir Frauen mit diesem Geruch auto-
matisch begehrenswert erscheinen, zumindest suche
ich ihre Nähe. Nicht körperlich, geruchlich.
Welches Parfüm auf mich wirkt, verrate ich lieber
nicht.

Auch die folgenden Mitteilungen machen den Zusammenhang zwischen der Wahrnehmung eines Parfümduftes und dem Erinnern an den Träger sowie die mit
dieser Person verbundene Gefühlswelt deutlich. Eine
26jährige Frau schildert:

Ich war mal in eine Frau verliebt, die ein Parfüm be-
nutzte, was ich sehr mochte (vor allem auch, weil
ich sie gerne mochte). Nachdem sie mich einmal be-
sucht hatte, ging sie die Treppe hinunter und strich
mit ihrer Hand das Treppengeländer entlang, so daß
ihr Duft daran haften blieb. Ich merkte es erst ein
wenig später durch Zufall, als ich ebenfalls mit der
Hand das Treppengeländer entlang strich, mir die
Nase kratzen mußte und dann diesen Duft wahr-
nahm. Ich hatte den Eindruck, lange nicht mehr so
intensiv meinen olfaktorischen Sinn gespürt zu ha-
ben, und ich hatte unglaubliches Herzklopfen und
fand es sehr anregend.

Und eine bisexuelle 31jährige Frau:

Ich liebte ein bestimmtes Parfüm an einer (Hetero-)
Freundin von mir. Ich verband es mit ihrer Person,
ihrem geschmackvoll eingerichteten Badezimmer
(mit Fußbodenheizung), ihrer Wohnung, ihrer Klei-
dung, meiner Sympathie und Bewunderung für sie.
Als die Freundschaft aufgrund von Veränderungen
beider Persönlichkeiten als auch räumlicher Tren-

nung auseinanderging, erkannte ich den gleichen Geruch immer noch wieder bei anderen unbekannten Frauen auf der Straße. Ich fühlte mich sehr angezogen, drehte den Kopf um und schnüffelte den Frauen einen Augenblick hinterher. Eines Tages entdeckte ich das Parfüm im Laden und kaufte es für mich selbst.

Wie es scheint, wird die Wahrnehmung eines Parfümduftes nicht selten von einer allgemeinen oder sexuellen Erregung begleitet. Dies bezeugen auch die nachstehenden Mitteilungen. Eine 26jährige Frau schreibt knapp und bündig:

Wenn ich ein bestimmtes Parfüm rieche, egal ob in der U-Bahn oder beim Einkaufen, habe ich sofort meine Exfreundin vor Augen und bin ziemlich erregt. Und das, obwohl das vor zwei Jahren war (Sex mit ihr).

Ebenso gesteht ein 26jähriger Mann:

Es gibt ein Parfüm (Name vergessen), welches meine Exfreundin benutzte, auf dessen Flakon bzw. Verpackung die aphrodisierende Wirkung dieses Mittels beschrieben wurde. Wahrscheinlich beeinflußt durch diese Werbung, wurde ich auch tatsächlich »geiler«, wenn ich dieses Parfüm roch.

Und ein 20jähriger Mann teilt mit:

Eine Frau, die an mir vorbeiging, roch zum Umfallen gut. Ich sprach sie direkt auf ihr Parfüm an und kaufte meiner derzeitigen Freundin das gleiche Parfüm. Sie benutzte es, und es stimulierte mich.

Augenscheinlich können bestimmte Parfümdüfte sowohl isoliert als auch in Verbindung mit Personen zu sexueller Erregung führen. Woran liegt das? Offenbar besitzen diese Parfüme an sich schon einen gewissen »Sex-Appeal«, eine Duftausstrahlung, die das Unterbewußtsein an wirkliche sexuelle Gerüche gemahnt. Im allgemeinen werden hierfür Riechstoffe verwendet, die oftmals eine süße, schwere, narkotische Ausstrahlung besitzen, denen man eine erotische Wirkung nachsagt und die nicht zuletzt wegen dieser Wirkung von Parfümeuren gern in Duftkompositionen eingesetzt werden.[14]

Ob jedoch allen Käufern derartiger Duftstoffe diese Wirkung zu Bewußtsein kommt, bleibt zu fragen. Unbestritten ist meines Erachtens, daß ein parfümierter Mensch mit dem angelegten Duft seine Attraktivität steigern will und daß dieser Wunsch auch immer mit dem Bedürfnis nach Optimierung der erotischen Ausstrahlung einhergeht. Eine Frau, die ein Parfüm benutzt, handelt, wie der Parfümeur Paul Jellinek feststellt, »bewußt oder unbewußt, im Sinne des Geschlechtstriebes«, sie setzt es zur »Liebeswerbung, als Aphrodisiakum« ein. Mit künstlichen Riechstoffen sucht man »eine sexuelle Reizwirkung zu schaffen oder zu verstärken.«[15] Freilich trifft diese Feststellung heutzutage auch für den Mann zu, wenngleich es wohl das weibliche Geschlecht war, das den Zusammenhang von betörenden Düften und dem Sexualtrieb entdeckte.

Zumindest unterstellt man der Frau, daß sie die Verführung mit fremden Duftstoffen als erste praktiziert hat, weil sie auch als erste den Reiz ihrer Körperdüfte und deren Einfluß auf die Sinne des Mannes wahrnahm. Demzufolge konnte es »naturgemäß nicht aus-

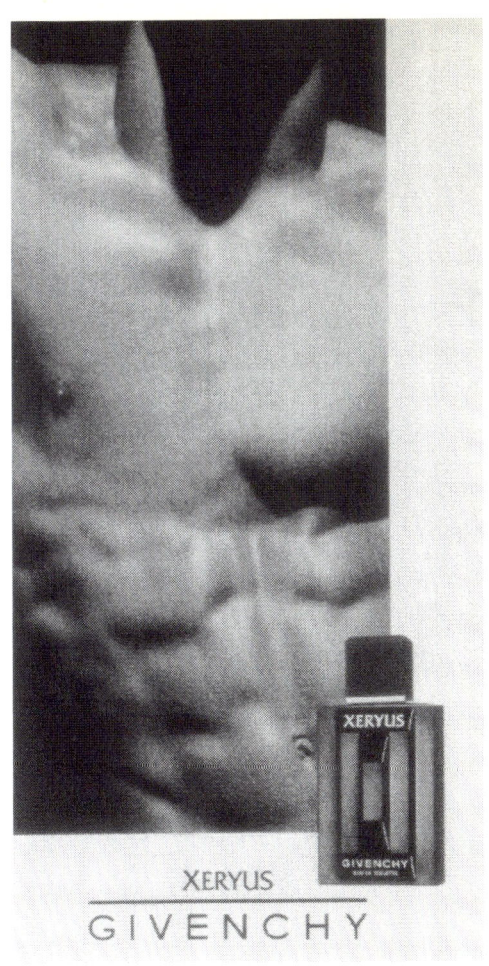

Abb. 6: Parfümwerbung für einen Herrenduft.

bleiben«, folgern zum Beispiel Paul Englisch u.a., daß das Weib fortan sein »Hauptaugenmerk darauf richtete, diesen Reiz zu erhalten und ihn gewöhnlich noch zu verstärken« suchte.[16] Und ein anderer Verfechter dieser These schreibt: »Die erste Frau, die sich parfümierte und es in der Hoffnung tat, ihr männlicher *contre-part* werde auch nur auf tausend Meilen zu der Vermutung gebracht werden, der Wohlgeruch gehöre *ihr* zu, entströme *ihrem* Körper, oder sei der vornehme Ausdruck *ihrer* Seele, hat einen kühneren Schluß auf die Einrichtung der männlichen Seele gewagt, und eine kühnere Entdeckung im Bereich der menschlichen Psyche unternommen, als jemals *Kant* in seiner *Kritik der reinen Vernunft*. Und sie reüßirte. Wirklich glauben wir, der Odeur, der Wohlgeruch, einer Frau sei etwas ihr Eigentümliches, zählen ihn zu ihren Eigenschaften und identifizieren ihn mit ihr selbst. Wirklich sagen wir: *sie riecht gut.* – Und welche Gerüche wählt nun dieses psychologisch so scharf blickende Wesen?« Düfte, die Assoziationen auslösen und »im Innenleben des Mannes wie ein posthypnotischer Befehl wuchern«.[17]

Ganz gleich, ob diese Spekulationen zutreffen oder nicht, ob nun tatsächlich die Frau die »kühne Entdeckung« der Verführung mit den künstlichen Duftstoffen machte, wichtig bleibt die Erkenntnis, daß Parfüme als individuelle Geruchsstoffe verstanden werden und sie für sich genommen als individuelles Erkennungsmerkmal fungieren können. Wie es scheint, können Parfüme sogar während der sexuellen Begegnung zum zusätzlichen Erregungsmoment werden, weil sie zum einen Bestandteil des Sexualpartners sind und zum anderen eine stimulierende Wirkung besitzen.

Sehr wahrscheinlich wirkt der Parfümduft, der an

einen Sexualpartner und die damit einhergehende sexuelle Stimulation erinnert, wie eine Zündschnur. Er selbst wird zwar auch als sexuell anregend empfunden, aber letztendlich stehen hinter dem Duft das »geliebte Objekt« und die mit ihm gemachten (sexuellen) Erfahrungen.[18] In diesem Sinne muß man etwa auch die Geruchsempfindung einer 24jährigen Frau verstehen, die mir mitteilte:

Mein Exfreund benutzte meist Aramis, ein recht starkes Parfüm. Immer wenn ein Mann an mir vorbeigeht, der dieses Parfüm benutzt, werde ich sofort an ihn erinnert, und es geht mir durch und durch. Das Gefühl entspricht dem des Verliebtseins und der sexuellen Erregung, nur will man's halt nicht mit ihm umsetzen.

Es müssen jedoch nicht nur die Düfte von Parfümen oder Aftershaves sein, die sich in das Geruchsgedächtnis eingraben und dann an bestimmte Menschen erinnern. Vielmehr können auch Düfte von Körperpflegemitteln diesen Effekt auslösen, wie etwa die folgenden Beispiele belegen. So schreibt eine 23jährige Frau:

*(...) Als ich etwa 18 Jahre alt war, hatte ich meinen ersten Intimpartner, der wesentlich älter war als ich. Mir ist von Anfang an aufgefallen, daß er einen besonders angenehmen Körpergeruch hatte, vor allem am Hals und auch im Gesicht. Es war ein süßlicher Duft und erinnerte an Sonnencreme. Das zog mich unheimlich an, vor allem weil die meisten Männer eher ein herbes Aftershave benutzen.
Wie sich herausstellte, benutzte mein Freund einfach Nivea-Creme, die in Verbindung mit seiner Haut diesen süßen Touch bekam.*

Ich habe auch heute noch freundschaftlichen Kontakt zu ihm, und auch seinen Geruch mag ich immer noch sehr.

Als ich vor einiger Zeit zum Einkaufen war, ging ich an einem Mann vorbei, der genau den oben beschriebenen Geruch ausströmte, und automatisch drehte ich mich noch einmal um. Diesen Duft würde ich immer wiedererkennen. (...)

Und für eine 23jährige ist es ein Duschgel, das unverhofft unangenehme Erinnerungen weckt. Sie erinnert sich:

Ein Freund von mir entdeckte ein Duschgel, war davon ganz entzückt, duschte damit, und hielt mir den Arm hin, damit ich daran röche.

Ich war davon nicht sehr begeistert, da mich der Geruch an ein Erlebnis von vor sieben Jahren erinnerte: Als ich nämlich während eines Schüleraustausches im Ausland Gast bei einer Geburtstagsfeier war, befand sich dort auch eine Gruppe junger Männer (zwischen 16 und 19 Jahren). Zunehmend alkoholisiert, wurden sie mehr und mehr zudringlich, so sehr, bis schließlich meine Gastschwester keine andere Möglichkeit mehr sah, als mich in ein Zimmer einzuschließen. Diese Jungen hatten ein sehr billig riechendes Männer-Eau-de-Toilette benutzt. Es riecht so ein bißchen schwül-süßlich.

Mit diesem Geruch verbinde ich sofort diese Geschichte, und unverzüglich befällt mich das gleiche beklemmende Gefühl wie damals. Ich reagiere dann mit Rückzug. Offensichtlich kann ich da auch nicht abstrahieren, denn es war schließlich ein Freund von mir, der nun so roch, genauso, der ja gar nichts mit dieser Geschichte zu tun hatte.

Nach diesen sieben Jahren ist mir der Geruch unver-
mindert unangenehm (...)

Neben den künstlichen Düften oder dem Gemisch aus
künstlichem und leiblichem Duft kann jedoch auch
der »pure« Körpergeruch zum Initiator des Erinnerns
werden und zur erneuten Nähe »zwingen«. Dazu die
Schilderung einer 23jährigen Frau:

> *(...) Ein Exfreund besuchte mich kürzlich. Ich hat-*
> *te ihn zwei Jahre nicht gesehen. Anfangs verhiel-*
> *ten wir uns halb distanziert, jeder mußte sich be-*
> *haupten. Der Geruch spielte noch gar keine Rolle.*
> *Die Atmosphäre wurde wärmer, anheimelnder,*
> *und plötzlich ist wieder eine Anziehung da, eine*
> *sinnliche prekäre Situation. In den Armen des an-*
> *deren liegend (oh Gott, das klingt wie ein furcht-*
> *bar triefender, schmalziger Kitschroman, aber ich*
> *muß ja halt das Drum und Dran und das Begehren*
> *erklären) und schlagartig den Sinnen ihren freien*
> *Lauf lassend, bin ich ganz erstaunt und erfreut*
> *und sage: »Du riechst ja noch genau wie frü-*
> *her.« – Nicht, daß ich es nur gerochen habe, son-*
> *dern daß ich es auch laut »spontan« aussprechen*
> *mußte ... Ich denke, daß es der Geruch war, der*
> *mich zu ihm zog. Ich war einfach weg. Klingt ei-*
> *genartig, aber so war's.*

Dabei muß es nicht unbedingt derselbe Körpergeruch
sein, der ein körperliches Begehren auslöst. Ein sehr
ähnlicher Körpergeruch kann offenbar auch zu einem
starken Magnet werden, der, wie die nachstehende
Mitteilung zeigt, völlig unabhängig von der übrigen
Person wirken kann. Eine 33jährige Frau berichtet:

Ich liebe den Geruch meiner ersten Freundin. Als ich ein paar Jahre später eine Frau kennenlernte, die optisch überhaupt nicht mein Fall war, aber roch wie meine Ex, fühlte ich mich körperlich stark von ihr an- und abgestoßen. Erst nach einer Nacht mit ihr konnte ich mich von ihr distanzieren.

Abgesehen von Körperdüften und künstlichen Duftstoffen können aber auch andere Düfte, die in Zusammenhang mit einer sexuellen Situation oder einem Sexualpartner wahrgenommen werden, Erinnerungen auslösen und eine sexuelle Stimulation hervorrufen. So teilt eine 27jährige Frau mit, welche Gefühle Ölfarbe bei ihr wecken kann:

So wie man eine bestimmte Musik mit einem Menschen oder einem romantischen Augenblick verbindet, so gibt es auch Gerüche, die ich mit bestimmten Partnern verbinde. Ein Parfüm, das ich gerne roch, ein Shampoo, der Geruch nach sportlichen Aktivitäten. Das sind relativ übliche Erscheinungen, wie zum Beispiel auch das ausgeliehene T-Shirt, an dem man dann tagelang schnuppert.
Für mich hat der Geruch von Ölfarbe allerdings einen bleibenden Eindruck hinterlassen. Nach einer kurzen, sexuell aber sehr aktiven Beziehung mit einem Künstler, der sein Atelier in seiner Wohnung hatte, erweckt Ölfarbe bei mir heute noch die Erinnerung an diese sexuellen Erlebnisse.
Ich gehe in eine Ausstellung und muß unwillkürlich an den Bildern schnuppern, die noch nach Farbe riechen. Dieser Geruch erregt mich dann sofort. Ich verweile auch automatisch bei den Bildern, die noch stark nach der Ölfarbe riechen. Es kommt bestimmt auch nicht von ungefähr, daß ich mich bei meinem

ersten Versuch mit Ölfarben als erstes sehr lange bei
der Farbe rot ausgelassen habe. (...)

Und bei einem 28jährigen Mann hat die Verwendung
von Honig im Liebesspiel einen bleibenden Geruchseindruck hinterlassen:

(...) Ich übergoß die Brüste meiner Partnerin mit
Honig, den ich dann genußvoll aufschleckte. Der
verbleibende Geruch »versüßte« auch den Rest die-
ses sexuellen Erlebnisses.
Der Geruch von Honig erinnert mich häufig daran,
auch wenn er mich nicht direkt sexuell stimuliert.

Bei einer 28jährigen Frau sind es wiederum Naturgerüche, von denen sie sehr stark angesprochen wird:

(...) Mir fällt auf, daß ich viele Gerüche erotisierend
finde, die nicht von meinem Partner stammen, aber
mit einem positiven Lebensgefühl meinerseits oder
manchmal auch Erinnerungen an gemeinsam Erleb-
tes verbunden sind.
Ich liebe es beispielsweise, mich mit meinem Partner
an schönen, ruhigen Orten in der Natur zu lieben.
Der Geruch von Meerwasser, den ich sowieso liebe,
regt mich etwa sehr stark an, erinnert mich aber
auch an wunderschöne Stunden in den Dünen Ame-
lands oder ähnliche Orte.

Und bei den zwei folgenden Berichten spielt der Rauch
von Zigaretten eine zentrale Rolle. Eine 23jährige
Frau ist vorübergehend ganz fasziniert von diesem Geruch. Sie erinnert sich:

(...) Mir fällt ein Erlebnis ein, das mir vor nicht all-
zu langer Zeit passierte, eine Affäre, die so ca. zwei

Monate dauerte. Es war eine glühend aufwallende Verliebtheit am Anfang. Ich rauche nur hin und wieder und bin eigentlich Nichtraucher, dennoch, beim ersten Küssen finde ich es schon nervig, wenn ich nicht zufällig selber gerade geraucht habe.

Nun aber bei dieser beginnenden Affäre, er ist fast Kettenraucher, find ich Zigarettenrauch angenehmst um mich herum. Ich rauchte auch selber, vielleicht primär aus Erinnerungswert an diesen Typen.

Natürlich brauchte ich auch ganz dringend ein Kleidungsstück (T-Shirt) von ihm, als er kurz wegfuhr! Verschwitzt, verraucht (kneipenmäßig) und eben der charakteristische Geruch – ich fand es göttlich – anstelle eines Stofftieres, wenn alleine einschlafend oder gleich angezogen tagsüber. Die Liebe flaute furchtbar schnell wieder ab, er war nicht mein Typ. Ich fand das Verrauchte wieder nervig, mußte und wollte auch selber nicht mehr rauchen, hörte schlagartig damit auf und wollte auch ihn auf keinen Fall mehr riechen! War mir abstoßend. Es wäre mir die Nähe, die ich zu ihm gehabt habe, zu sehr ins Bewußtsein gekommen.

Für einen 22 Jahre alten Mann wird der Rauchergeruch seiner ersten Sexualpartnerin sogar so prägend, daß er fortan Raucherinnen favorisiert. Er faßt zusammen:

Meine erste Frau, mit der ich schlief, war Raucherin, und die Selbstgedrehten verpesteten ihren Atem, vor allem wenn sie morgens neben mir aufwachte, daß mir der eben noch sich überholende Atem stehenblieb. Seitdem waren alle meine Freundinnen Raucherinnen, obwohl ich nicht rauche, es nie getan habe!

Der Geruch einer Frau, kalten Rauch im Haar und den Odem verrotteter Blätter im Mund, wiegt mich in die Geborgenheit genossener Liebkosungen und verheißt mir neue ...

Düfte, die unter bestimmten Umständen wahrgenommen werden, können, wie man sieht, Impulscharakter annehmen. Dabei ist das Maß der Emotionalität ganz entscheidend. Ist es hoch, wie im Falle der Verliebtheit, einer großen Zuneigung und der sexuellen Handlung, besteht auch immer die Möglichkeit, daß Fremdgerüche einen hohen Bedeutungsgrad erhalten. Es mag sogar sein, daß allein durch den Umstand des erstmaligen Auftauchens großer Gefühle, der ersten Verliebtheit, des ersten sexuellen Kontaktes usw., ein spezifischer Geruch Bedeutung erlangen kann.

Darüber hinaus haben viele Gerüche ihren Ort, so daß sie, sofern tiefe Gemütsbewegungen stattgefunden haben, zum Inbegriff der Handlung selbst werden können. Dementsprechend berichteten mir zum Beispiel einige Männer, daß der Bordellgeruch oder der Geruch einiger Prostituierter sie »schon anmachen würde«.

Andererseits besteht aber auch die Möglichkeit, daß Gerüche von sich aus etwas »Erotisches« an sich haben. Häufig werden etwa Naturgerüche, wie der Meeres-, Frühlings-, Heu- oder Wiesenduft, in diesem Zusammenhang genannt.[19] Ebenso lassen so manchen die Gerüche einiger Lebensmittel nicht »kalt«. Vielleicht bergen diese Düfte, besser gesagt, deren Trägermaterial, aphrodisierende Stoffe in sich. So hat man etwa festgestellt, daß sich in Trüffeln und Sellerie Geruchssteroide befinden,[20] die sich beispielsweise auch im menschlichen Achselschweiß nachweisen ließen. Bislang konnte man bei der Wahrnehmung dieser Düfte zwar noch keine direkte sexuelle Reaktion beim Menschen nachweisen, aber es liegen positive Ergebnisse in bezug auf deren indirekte Wirkungsweise vor. Einige Düfte können etwa Einfluß auf den Monatszyklus nehmen (vgl. hierzu Kapitel II). Bei Schweinen regeln dieselben Geruchssteroide übrigens das Geschlechtsverhalten.

Zu erwähnen bleibt, daß einige Gerüche wegen ihrer stimulierenden Wirkung – auch der sexuellen –, wie etwa der Meeresduft, der Geruch von Tabak oder Lederdüfte, gerne in Parfümen verwendet werden. Ein Teil der modernen Duftwässer enthält zudem Duftessenzen von Lebensmitteln, etwa von Mango, Brombeere, Melone oder Apfel. Desgleichen tauchen in Parfümen beispielsweise auch immer wieder die Düfte von Honig, Kokos, Vanille, Zitrone und Mandarine auf, die uns ja u.a. als Bestandteile vieler Lebensmittel bekannt sind. Dies liegt keineswegs nur daran, daß Parfümeure nach etwas Neuem für den Duftmarkt suchen, vielmehr sind sie hervorragende Duftpsychologen. Einerseits greifen Parfümeure auf Vertrautes zurück, so daß der Parfümduft sich beim Kunden oder Riecher einschmeicheln kann. Die Weichen sind quasi gestellt, um Duft positiv zu beurteilen.

Andererseits enthalten viele Düfte von Lebensmitteln auch Duftbestandteile, die Körpergerüchen nahekommen, also auch Vertrautes vermitteln, körperliche Nähe simulieren und nicht zuletzt Erotik mit ins Spiel bringen können. Nehmen wir etwa den Mandarinenduft, der Duftbestandteile enthält, die an Schweiß erinnern, oder denken wir an den Honigduft, der zum Beispiel eine Duftnote enthält, die dem Indol- oder Skatolgeruch sehr nahekommt. Dieser Duft findet sich im menschlichen Kot und Speichel und kann sehr wohl in kaum wahrnehmbarer Quantität ein Parfüm vervollständigen und ihm eine erotische Komponente geben.

Assoziation ist eigentlich das Zauberwort jedes guten Parfüms und zeigt sich etwa an der Möglichkeit, zwischen Männer- und Frauenduftnoten zu unterscheiden oder Geruchsverbindungslinien herzustellen. Auf diese Geruchsverbindungslinien kommt es an. Wenn Salomon folglich im Hohelied von seiner Geliebten schwärmt und sie samt ihrer Düfte u.a. mit Honig, Milch, Aloe, Kokos, Zimt und Apfel vergleicht, so geschieht dies nicht nur, weil all diese Dinge Köstlichkeiten gleichkommen, sondern weil sie etwas in sich bergen, das der jungfräulichen Geliebten gleicht: Sie duften nach ihr, und sie duftet nach ihnen.

Nichts, aber auch gar nichts ist eindeutig, wenn es um Erklärungen geht, die dem Ursprung der individuellen Bedeutung von Gerüchen nachgehen. Es sind verschlungene und verworrene Wege, die ein Geruch nimmt, bevor er in das Geruchsgedächtnis eindringt. Dabei spielt die (Geruchs-)Psyche offenbar eine ebenso große Rolle wie die Biographie. Von daher dürfen die vielen großen und kleinen Erfahrungen mit Gerüchen nicht vergessen werden. Auch mag die Kindheit hierbei eine zentrale Rolle einnehmen, wobei wesentliche Geruchsereignisse nicht unbedingt bewußt präsent sein müssen, wie dies etwa bei einer 28jährigen Frau der Fall ist. Sie gibt an:

Häufiger fällt mir auf, daß ich den Geruch fremder Männer erotisierend finde, und ich stelle dann fest, daß sie das Parfüm bzw. Aftershave benutzen, das mein Vater in meiner Kindheit getragen hat. (...)

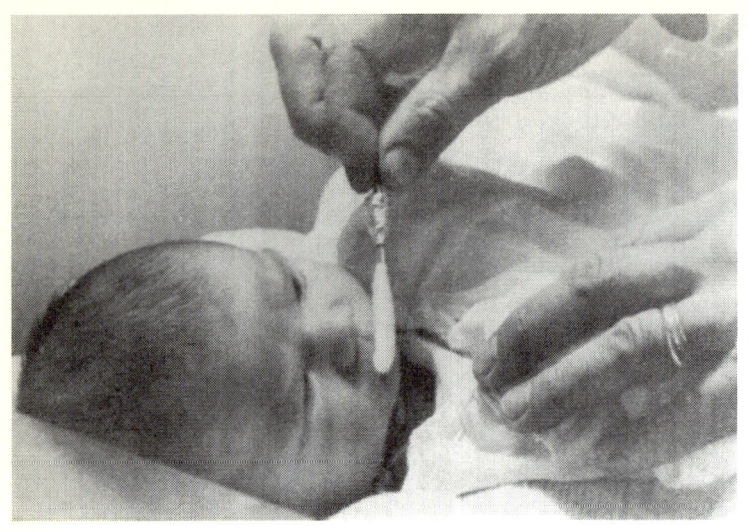

Abb. 7: Säugling wird auf Geruchspräferenzen getestet.

Zum Beispiel ist es durchaus möglich, daß die in der Kindheit wahrgenommenen Körpergerüche der Eltern, der Geschwister und der Großeltern unbewußt Einfluß auf den Erwachsenen nehmen. Die Körpergeruchsakzeptanz gegenüber anderen Menschen oder sogar die sexuellen Geruchsempfindungen werden sicherlich in einem gewissen Maß durch diese Geruchserfahrungen geleitet. Psychoanalytische Erklärungen gehen sogar so weit, daß ein Zusammenhang gesehen wird zwischen den Erfahrungen mit den Schoßgerüchen der Mutter und dem Bedürfnis des Mannes, seine Nase in den Schoß der Frau zu stecken, sowie der »Sehnsucht nach dem Mutterleib« und dem sexuell anregenden Genitalduft der Frau.[21]

Gerüche aus der Kindheit können spezifische Gefühlsregungen produzieren, was man sich beispielsweise in der Parfümindustrie zunutze macht, indem man Körperpflegemitteln »Kindheitsdüfte« beimengt. Auch hat man bei Versuchspersonen erfolgreich Angstzustände mit einem Riechstoff gedämpft, der diesen aus Säuglingstagen bekannt war und Babypflegeprodukten den typischen Geruch gibt.[22] Die Assoziation mit Kindheit und Geborgenheit liegt auf der Hand, und es liegt auch auf der Hand, daß die hier angesprochenen Reaktionen unbewußt ablaufen.

Ebenfalls unbewußt laufen all jene Geruchsreaktionen ab, die uns anerzogen wurden. Neugeborene haben beispielsweise keine Geruchspräferenzen, wie sie ein älteres Kind besitzt. Sie stehen den Gerüchen mehr oder weniger neutral gegenüber, und sie müssen die Zuordnung der Düfte erst erlernen. Den Geruch der Mutter erkennen Säuglinge jedoch zumeist schon nach einer Woche. Was allerdings den »zivilisierten« Umgang mit Gerüchen anbelangt, so muß dieser mühevoll anerzogen werden. Sowohl das Riechverhalten als auch die Akzeptanz und Ablehnung bestimmter Gerüche sind Ergebnisse der Erziehung. Kein Erwachsener würde beispielsweise bedenkenlos und in aller Öffentlichkeit an Kot herumschnuppern, ein Verhalten, das Kleinkinder ohne Scham an den Tag legen.

Zwar wird vermutet, daß es universelle Geruchsneigungen gibt, etwa die Aversion gegenüber verfaultem Eiweiß oder die angeborene Affirmation des Geruchs der laktierenden Brust, aber die meisten Geruchsaversionen sind das Produkt eines langen Lernprozesses. Wie stark dabei der Kulturkreis Einfluß nimmt, sieht man etwa am Geruch von vergorener Milch: Während für Chinesen jedweder Käsegeruch ein Graus ist, mögen ihn die Europäer in aller Regel.

Geruchsakzeptanzen oder -aversionen sind folglich in hohem Grad von den Erfahrungen abhängig, die mit Gerüchen gemacht wurden, und auch davon, wie einschneidend diese Erfahrungen waren. Kindheitserfahrungen sind dabei stets von Bedeutung und können lebenslang prägend sein. Da Gerüche nun wiederum sehr eng mit dem Gefühlsleben verbunden sind, sind sie immer eine hervorragende Erinnerungsstütze und wie nichts anderes auf der Welt in der Lage, die Erlebnisse der Kindheit wachzurufen. Aus gutem Grund haben wohl deshalb Psychologen Ende der zwanziger Jahre damit begonnen, Gerüche einzusetzen, um Vergessenes in Erinnerung zu rufen. Wie lange das Geruchsgedächtnis an Vergangenes gemahnen kann, ist etwa aus der folgenden Mitteilung ersichtlich. Eine 51jährige Frau ahnt plötzlich und unverhofft, was ihr in der Kindheit wahrscheinlich widerfahren ist. Sie schreibt:

Vor einiger Zeit, ich war in der Sauna, da bemerkte ich einen Duft, der von zwei älteren Männern aus-

ging. *Mir wurde ein Erlebnis meiner Kindheit schlagartig bewußt. Ich habe das Gefühl, sexuell mißbraucht worden zu sein, von älteren Männern bzw. einem Mann.*

Wenn ich zu einer Freundin ging, sagte ihr Großvater immer, ich sollte mich auf seinen Schoß setzen und seine Schenkel streicheln. Mir ist dabei der Geruch eines alten Mannes in der Nase, der sich aus Körpergeruch und Zigarrengeruch zusammensetzt. Mir wurde bewußt, wie stark dieser Geruch immer noch in meiner Nase ist.

II. Kapitel

KÖRPERDÜFTE

Unlängst traf ich auf einer Geburtstagsparty einen 38jährigen Mann, einen Zahnarzt, und ich konnte nicht umhin, ihn über Mundgerüche auszufragen. Es ist schon fast eine Manie von mir, ich muß es leider eingestehen, jeden nur erdenklichen »Geruchsprofi«, zu denen meines Erachtens auch Ärzte gehören, wie eine Zitrone auszuquetschen. Ich muß allerdings auch eingestehen, daß der Spieß immer sehr schnell umgedreht wird, so daß letztendlich ich Rede und Antwort stehen muß, denn nichts ist für meine Mitmenschen, so meine Erfahrung, interessanter, als jemanden über Körpergerüche, speziell über intime Gerüche, zu befragen.

Dieser Zahnarzt gestand mir, daß er sich eigentlich nicht gern wasche, nicht nur, weil er seine Gerüche »gut leiden« könne, sondern weil das viele »Gewasche« seine Düfte »auch reichlich verändere«. »Je häufiger ich mich wasche«, sagte er, »was ich ja aus beruflichen Gründen tun muß, desto mehr stinke ich, das ist Tatsache. Und diese künstlichen Düfte kann ich nicht ausstehen, auch nicht bei meiner Freundin. Wir parfümieren uns jedenfalls nicht.« Wenn es nach diesem Mann ginge, bräuchte sich niemand »einzunebeln«, denn seiner Meinung nach sind Parfüme »viel penetranter« als jene Gerüche, denen er in seiner Praxis täglich ausgesetzt ist.

Wie die meisten Menschen unterscheidet er zwischen angenehmen und unangenehmen Körpergerüchen sowie Körpergerüchen, die er als anziehend empfindet. Hin und wieder sei ihm schon einmal etwa der »hinreißende Körpergeruch« einer Patientin aufgefallen oder auch, daß ihn die Gerüche seiner Freundin quasi verführten. Er war ein wenig erstaunt, als er von mir erfuhr, daß selbst berühmte Männer bestimmten Frauendüften erlegen waren. Und natürlich konnte ich nach dieser Andeutung nicht umhin, ihm die hübschen Anekdoten zu erzählen. Die von Heinrich III., der sich in Maria von Cleve verliebt hatte, weil er sich mit ihrem schweißnassen Hemd das Gesicht abgetrocknet hatte, von Heinrich IV., der auf ähnliche Weise der schönen Gabriele erlegen war, von Napoleon, der 60 Flaschen Eau de Cologne pro Monat verbrauchte und dem Körperduft seiner Josephine derart verfallen war, daß er ihr schrieb: »Wasch dich nicht, ich komme«, und natürlich von Johann Wolfgang von Goethe, der das gestohlene Mieder der Frau von Stein heimlich beschnupperte, um ihr wahrscheinlich auf diese Weise recht nahe sein zu können.

Aber nicht nur berühmte Männer und dieser Zahnarzt sind von Körpergerüchen fasziniert, vielmehr gibt es genügend »normale« Menschen, denen diese Gerüche nicht gleichgültig sind. Bei meiner letzten Studie, an der 432 Männer und Frauen teilnahmen, gaben zum Beispiel ca. 75 % der Befragten an, daß bestimmte Düfte des Körpers sie sexuell stimulieren würden.[1]

Augenscheinlich kann ein Teil der Bevölkerung den Körpergerüchen durchaus etwas Erotisches abgewinnen, und dies wird, wie es scheint, bewußt wahrgenommen. Doch nicht alles, was Körpergerüche auszurichten vermögen und was mit der Sexualität zu tun hat, dringt in unser Bewußtsein. So hat man beispiels-

Abb. 8: Werbeanzeige von 1928.

weise festgestellt, daß Frauen, sofern sie einen gewissen Zeitraum miteinander eng zusammenleben, ihren Monatsrhythmus angleichen.[2] Hierfür verantwortlich sind die Achselgerüche einiger Frauen, die man Geberfrauen nennt und die aus noch ungeklärten Gründen andere Frauen zur Rhythmusanpassung »zwingen«.

Ein anderes Phänomen des Geruchs geht von der Achsel des Mannes aus. Diese Düfte können bei Frauen eine Verkürzung des Rhythmus bewirken, und zwar bei Frauen, die längere Zeit in keiner engen Beziehung zu Männern gestanden haben und deren Monatszyklus relativ lang ist. Kommen solche Frauen über einen gewissen Zeitraum in sehr engen Kontakt mit Männern, teilen sie etwa häufiger das Bett mit ihnen, wobei es keineswegs zum geschlechtlichen Verkehr kommen muß, reduziert sich die Zykluslänge auf ein normales Maß. Dies ist auch gegeben, wenn man den entsprechenden Frauen das Achselsekret von Männern regelmäßig auf die Oberlippe aufträgt.[3]

Die Duftbestandteile der Achseln sind nun sehr vielfältig, sowohl beim Mann als auch bei der Frau. Sie unterscheiden sich freilich, so daß zwischen männlichen und weiblichen Düften unterschieden werden kann. Dies liegt u.a. an der Quantität. Männer geben beispielsweise mehr moschusduftende Stoffe ab. Moschusdüfte wiederum können von Frauen ganz besonders gut gerochen werden, und ihre Sensibilität gegenüber diesem Riechstoff ist zum Zeitpunkt des Eisprungs am größten.

Geruchsstoffe des männlichen Achselsekretes scheinen auf Frauen so stark zu wirken, daß sie von ihnen gleichsam angezogen werden. Dies kann man aus einem Experiment folgern, das 1980 durchgeführt wurde. Dabei besprühten Forscher einen Stuhl in einem

Zahnarztwartezimmer mit einem Duftbestandteil aus der Achsel. Infolgedessen bevorzugten Frauen diesen Stuhl, wohingegen Männer den Sitz mieden.[4] Man glaubt, daß Männer diesbezüglich eine Vermeidungsstrategie entwickelt haben, sie gehen sozusagen ihrem Kontrahenten aus dem Weg. Ein Verhalten, das aus dem Tierreich bekannt sein dürfte.

Ein anderer Test, der sieben Jahre später durchgeführt wurde, zeigt ein ähnliches Ergebnis. In diesem Falle wurden Toilettenboxen mit einem Geruchsstoff präpariert, der ebenfalls in der Achselhöhle, aber auch im Urin des Menschen und insbesondere beim Mann vorkommt. Wieder waren es die Männer, die diesem Geruch aus dem Weg gingen, wohingegen bei Frauen gar keine Reaktion nachgewiesen werden konnte.[5]

Bemerkenswert ist an den hier verwendeten Duftstoffen, die übrigens bei Schweinen als Sexualpheromone dienen, daß sie von Frauen besser wahrgenommen werden als von Männern,[6] und es bleibt zu fragen, ob Männer diese Gerüche nicht doch unbewußt registrieren, denn ganz augenscheinlich reagieren sie ja auf diese Duftsubstanzen. Darüber hinaus steht natürlich auch zu vermuten, daß es durchaus Geruchsstoffe geben mag, die von der menschlichen Nase zwar nicht bewußt wahrgenommen werden, die gleichwohl aber zu Reaktionen führen können. Wie diese freilich zu identifizieren sind, bleibt wohl der zukünftigen Geruchsforschung vorbehalten.

Und noch ein letztes Geruchsexperiment bezüglich der Körpergerüche ist erwähnenswert. Es betrifft den Duft des Vaginalsekretes, der seine Ausstrahlung innerhalb des gesamten Monatszyklus verändert. Untersuchungsteilnehmer, Männer sowie Frauen, die die Qualität dieses Duftes zu beurteilen hatten, empfan-

den ihn vor und während des Eisprungs als angenehmer sowie zurückhaltender als nach dem Eisprung.[7]
Ausgesprochen anziehend und stimulierend empfan-
den ihn die getesteten Männer jedoch nicht, was meines Erachtens nicht verwunderlich ist. Weder sind
einzelne Körperdüfte noch Körpergeruchsbestandteile
isoliert wahrgenommen attraktiv noch sexuell stimulierend, besonders dann nicht, wenn sie von wild-
fremden Menschen stammen und in einem »sexual-
feindlichen Raum« beurteilt werden müssen. Es gibt
sogar Düfte, die für sich genommen abstoßend wirken, wie etwa Skatolduft (Kotgeruch, gleicht dem
Indolduft), der sich, wie schon angesprochen, im
Speichel und am After findet, oder eine Fettsäure, die
im Vaginalsekret nachgewiesen wurde und nach Buttersäure riecht.

Bestimmte Düfte müssen in ihrem Geruchskontext
wahrgenommen werden, um die richtige Beurteilung
zu erfahren. Das ist ganz besonders bei Körpergerüchen der Fall. Entscheidend ist natürlich auch die Geruchssituation, und es ist keineswegs gleichgültig, in
welcher Stimmung und in welchem Umfeld man diese
Düfte wahrnimmt.

Ferner sollte die Individualität eines Geruchs nicht
unterschätzt werden. Vaginalduft ist nicht gleich Vaginalduft, und dementsprechend werden auch ganz bestimmte Duftrichtungen präferiert oder als anregend
empfunden. Wenn man sich etwa vor Augen führt, daß
der spezifische Geruch einer Person sich unverwechselbar in das Geruchsgedächtnis einprägen und ein spezieller Körperduft sogar zum Wegweiser werden kann,
um eine Person intim zu akzeptieren, dann wird das
ganze Ausmaß eines besonderen, individuellen Körpergeruchs deutlich.

Man kann nun nicht behaupten, daß Körpergeruch für jedermann die gleichen Reize besitzt, zu augenscheinlich ist zum Beispiel die allgemeine Aversion gegen Körpergerüche, die ja nicht nur in der westlichen Welt besteht. Ein nicht unbeträchtlicher Teil der Bevölkerung tut deshalb einiges, um nicht nach Mensch zu duften, und ein nicht geringfügiger Anteil bevorzugt den Geschlechtspartner mit gutem Duft, sprich mit einem Hauch von künstlichem Duft.[8]

Dennoch sind es nach meinen Studien die wenigsten, die den künstlichen Duft an sich bevorzugen, wenn es um die sexuelle Dimension geht, sondern es ist das Gemisch aus Parfüm und Leibgeruch, das als anziehend gilt. Und in diesem Zusammenhang möchte ich einmal die Vermutung äußern, daß die ständige Konfrontation mit derartigen Duftmischungen zu einer neuen sexuellen Geruchsprägung führt. Zum Vergleich und zur Verdeutlichung nehme ich einmal das Beispiel des »geschminkten Gesichts«: Heutzutage gilt ein geschminktes Gesicht als schön. Kein Fotomodell wird ohne Schminke abgelichtet, und in aller Regel finden wir diese Gesichter vollendet und perfekt. Ebenso ist es mit einem schönen Körper, den wir uns in seiner Vollendung mit einem künstlichen Duft vorstellen. Marilyn Monroe benutzte, wie jedermann weiß, Chanel No. 5, sie perfektionierte ihren Körperduft für sich und andere, und ich bin mir ziemlich sicher, daß in den Vorstellungen der meisten Menschen diese »Sexgöttin« nach einem erotischem Parfüm duftete; aber ich bin mir ebenso sicher, daß ihre vielen Verehrer, die sie in der Phantasie zu ihrer Geliebten machten, sie riechen wollten und nicht etwa den Duft von Chanel No. 5.

Auch die folgenden Briefe und Mitteilungen verdeutlichen diesen Wunsch nach dem »wahren« Körpergeruch, der uns besonders in Momenten der Zuneigung wichtig zu sein scheint.

Ihr Duft erscheint mir wie ein Aphrodisiakum

Die Beziehung zu meinem letzten Partner war sehr von sexueller Leidenschaft geprägt, wenn nicht sogar bestimmt. Schon bei der allerersten Begegnung hat es deutlich spürbar zwischen uns gefunkt. Wir lernten uns beim Tanzen kennen, deutscher Volkstanz, Partnertanz also, und waren beide sehr erregt und erhitzt durch die körperlichen Berührungen und Anstrengungen. In der Pause beobachtete ich, wie Peter mein Tuch, welches auf einem Stuhl lag, nahm und heimlich daran schnupperte. Ich war erstaunt, daß er dies bei der ersten Begegnung tat, und habe auch später festgestellt, daß er einen sehr ausgeprägten Geruchssinn hat. Das bedeutet nun aber nicht, daß er körpereigene Gerüche ablehnte, sondern im Gegenteil sie genoß. Er ging sehr frei damit um. Ich selbst finde das sehr schön, da ich wirklich sagen muß, daß mich der Geruch von Parfüm oder Aftershave absolut abtörnt, alle Sinne tötet.
Da mein jetziger Partner bezüglich der Körpergerüche eher zurückhaltend ist und das Bedürfnis hat, sich zu waschen, bevor wir miteinander schlafen, oder mich im Genitalbereich nur bisweilen »frischgewaschen« küssen mag, fühle ich mich manchmal gehemmt und zurückgehalten in meiner Spontaneität. Trotzdem spüre ich eine Annäherung, wie ein sehr langsames Herantasten an den Körper. Sehr langsam. Unsere Beziehung dauert bereits zwei Jahre. Ich möchte nur betonen, daß ich nicht von einer gerade begonnenen Partnerschaft spreche.

Manchmal vermisse ich diese brennende Leiden-
schaft, die ich mit Peter gespürt habe und in der
Körpergerüche wichtig waren, wenn wohl auch un-
bewußt. Bewußt ist mir eher die Verbindung von
Vertrautheit und Körpergeruch, das Anschmiegen,
sich kennen und wohl fühlen. Die Nase zwischen
Hals und Schulter stecken und sich geborgen fühlen;
den Geruch nach einer Trennung wiedererkennen,
den ganz individuellen Geruch.

Die Akzeptanz der Körpergerüche läßt diese 28jährige
Frau ihre Sexualität leidenschaftlicher erleben, und sie
nimmt die individuellen Gerüche an ihren Partnern
gerne wahr, weil sie ihr Nähe und Geborgenheit vermitteln. Bei einem 22jährigen Mann wirken die Gerüche seiner Freundin hingegen sexuell erregend:

Ich liebe den Körpergeruch meiner Freundin und
auch den »Mundgeruch«, der ein sehr eigentümli-
cher Geruch beziehungsweise Geschmack ist, nach
gekochtem, warmem Broccoli.
Ihr Körpergeruch ist besonders am Halsansatz sehr
intensiv, doch ich kann nicht beschreiben, wonach
er riecht. Er erscheint mir wie ein Aphrodisiakum,
und weil es so wunderbar riecht, bin ich während
des Geschlechtsaktes zuweilen verlockt, in ihr
»Fleisch« zu beißen. (…)
Die erotisierende Wirkung ihres Geruchs hält auch
nach einiger Zeit oder nach einigem Schweiß noch
an. Das habe ich bei früheren Partnerinnen noch nie
erlebt, deren Körpergeruch war nach einiger Zeit
Geschlechtsverkehr eher unangenehm.
Doch der Duft des Schweißes meiner Freundin
bleibt weiterhin erregend, bis er – leider – irgend-
wann von dem unangenehmen Geruch meines Sper-

mas »übertönt« wird (...). Das mag sich jetzt viel-
leicht sehr verklärt, »betört« und »frisch verliebt«
anhören, doch dafür sind wir bereits »zu lange« zu-
sammen. (...)

Auch für eine 20jährige Frau sind die individuellen
Körperdüfte ihrer Partner von ganz entscheidender Bedeutung:

Ich habe viele Erinnerungen, zu denen mir bestimm-
te Düfte einfallen und umgekehrt. Generell fällt mir
zu Gerüchen ein, daß ich traurig bzw. enttäuscht
bin, wenn ein Mensch, den ich sehr gern mag, kei-
nen Eigengeruch hat, da das der schönste Geruch
des Menschen ist. Und die Gerüche der Menschen,
Männer, mit denen ich häufiger sexuellen Kontakt
hatte und habe, törnen mich meistens an.
Genervt fühle ich mich eher dann, wenn ein gelieb-
ter Mensch seinen Eigenduft mit einem penetranten
und alles andere überdeckenden Deo oder Parfüm
abdecken zu müssen meint.
Ein nettes Parfüm kann ein brillanter erster Anreiz
sein und sehr verführerisch wirken, aber auf Dauer
zieht eigener Körpergeruch einer Person weitaus
mehr.
Ein »guter Eigengeruch ist Gold wert« und wirkt
Wunder!
Wenn ich jemanden vermisse, dann vor allen Din-
gen auch seinen ihm eigenen Geruch und andere
Gerüche, die ich mit ihm in Verbindung bringe. Be-
stimmte Gerüche lassen Erinnerungen und Gefühle
aufkommen und intensivieren sie.

Und eine andere 20jährige Frau, die den Geruch von
Schweiß, vor allem von fremden Menschen, eher als

unangenehm empfindet, schreibt über den Geruch ihres Freundes:

(...) Beim Geschlechtsverkehr mit meinem Freund rieche ich seinen Körpergeruch, wie eine Aufforderung, wie eine Blume, die ein bißchen, ja schon fast aufdringlich riecht, so wie Maiglöckchen ungefähr. Nicht vom Geruch her, sondern von der Intensität. Vor dem Geschlechtsverkehr sind meiner Meinung nach »Körpersäfte« eher geruchlos. Also entwickelt sich erst der Geruch durch die Mischung der »Körpersäfte«. Nach dem Geschlechtsverkehr hängt ein Geruch in der Luft, der sehr süßlich riecht. Es ist schwierig, etwas vergleichbar Riechendes zu finden. Vielleicht eine Mischung aus Moschus, Gesichtscreme (Vichy) und Aloe Vera (aus den Kakteen).

Die meisten Menschen scheinen zudem bestimmte Körpergeruchs-Vorstellungen zu haben. Zum Beispiel weiß ein 36jähriger Mann genau, wie er und seine Sexualpartnerin an den einzelnen Regionen des Körpers zu duften haben. Sein Fazit lautet:

Für mich spielt der Geruch in der Erotik und beim Sex eine wichtige Rolle. Ich denke jetzt nicht an die diversen künstlich hergestellten Düfte, sondern vor allem an die körpereigenen Gerüche. Meiner Ansicht nach ist es erst einmal sehr wichtig, daß ich meinen eigenen Körpergeruch mag und nicht dauernd versuche, ihn durch Deos oder sonstige Wässerchen zu übertönen. (...)
Um mich in der Erotik und beim Sex wohl zu fühlen, muß also mein eigener Geruch stimmen wie auch der meiner Partnerin. Angefangen vom Geruch der Kopfhaut, dem der Achsel sowie dem

Mundgeruch, dem Geruch des Geschlechtes bis hin zum Geruch der Füße. Wobei ich immer den wirklichen Geruch meine und nicht den eines Shampoos oder einer bestimmten Zahncreme.

Für mich gilt, daß ich eigentlich meinen eigenen Geruch mag, und wenn mein Geruch dem einer Frau ähnlich ist, zieht mich diese Frau besonders stark an. Ich muß mich also beschnuppern lassen können und tue dies auch mit meiner Partnerin. Lerne ich eine Frau neu kennen, so achte ich zunächst auf den Geruch ihrer Haare oder Kopfhaut und dann auf den Geruch ihrer Achseln. Ein inniger Kuß ist für mich meistens intimer als Geschlechtsverkehr, und so spielt auch der Mundgeruch eine sehr große Rolle für mich. Orale Sexualpraktiken mag ich dann besonders gerne, wenn ich den Geruch des Geschlechtes einer Frau auch noch am nächsten Tag bei der Arbeit gerne in der Nase habe und mich daran jedesmal erneut berausche. Frauenfüße beziehe ich gerne in den Sex mit ein, wenn sie gut riechen.

Zusammenfassend kann ich sagen, daß eine wirklich intime Begegnung mit einer Frau für mich nur dann vollendet schön ist, wenn der Geruch stimmt (...)

Für manche Menschen ist die Bereitschaft zum sexuellen Kontakt nur dann gewährleistet, wenn die Nase ja gesagt hat. So berichtet beispielsweise eine 27jährige Frau:

Schon vor vielen Jahren habe ich festgestellt, daß die Lust auf einen Partner oder eine Partnerin von deren »Aroma« abhing und ich mir meine Lust quasi erschnüffle.

Anfangs war ich etwas befremdet über diese Vorlie-

be beziehungsweise Notwendigkeit, daß meine Nase
die Bereitschaft zum sexuellen Kontakt angibt.
Mittlerweile ist jedoch der Sinn »Riechen« ein wich-
tiger Teil meines Lebens geworden, der große Be-
deutung für mich hat. Ein faszinierendes Wissen,
das völlig intuitiv arbeitet und uns (mich) auf Men-
schen zugehen läßt, mich in Räumen wohl oder un-
wohl fühlen läßt, ohne daß mein »Geist« da irgend-
wie intervenieren könnte.

(...) Ich erinnere mich auch, daß ich mich kurz nach
meinem Examen mit meinem Freund traf und fand,
daß er nach einem ausgesprochen »leckeren« Par-
füm roch, er erzählte, daß er dieses Parfüm auch
während meiner Examensvorbereitung getragen
habe. Zu dieser Zeit konnte ich diesen Geruch aller-
dings nicht wahrnehmen, und auch unsere sexuellen
Begegnungen waren nur sehr eingeschränkt. Mein
Geruchssinn scheint in Streßphasen zu »erblinden«.
Und ohne ihn kann ich den Weg zu meinem Partner
kaum finden.

In bezug auf das Riechen ist das Parfümieren als ein
mehr oder weniger angenehmer chemischer Zwi-
schenfall zu werten, während das »Aroma« eines
Partners der Faktor ist, der Wiedererkennen, Ge-
borgenheit und sexuelle Lust bedeutet. Wie oder
woraus besteht dieses Aroma?
Es ist wohl eine Mischung aus (frischem) Schweiß
und Sekret der »Sexualdrüsen«. So hatte ich vor
Jahren einen Freund, der es mit der Reinlichkeit
sehr genau nahm und immer nach Seife roch, auch
sein Glied »duftete« stets nach Seife, was nicht
unangenehm war (...), mich aber sexuell völlig kalt
ließ. Ich denke, unsere sexuellen Begegnungen
konnten nur stattfinden, weil ich ihn stimulierte

und die »Sexualdrüsen« dann das »Aroma« produ-
zierten, das er vorher abgewaschen hatte und von
dem meine Lust abhängig ist.

Diese Schreiberin spricht von dem »Aroma« des Körpers, das sie stimuliert und in sexuelle Lust versetzt.
Sie glaubt, daß es sich aus Schweiß sowie »Sexualdrü-
sensekret« zusammensetzt und daß ein ganz spezieller
Duft während der sexuellen Stimulation entsteht.

Tatsache ist, daß der Mensch an verschiedenen
Stellen des Körpers Duftdrüsen besitzt, die sogenannten apokrinen Drüsen. Sie befinden sich in der Achsel, in der Lendenregion, um den After herum, am
Warzenhof und weniger dicht in einigen Rumpfregio-
nen, wie am Nabel und an haarigen Teilen der Brust.
Auch an der Kopfhaut finden sich Duftdrüsen wie
auch im Ohrkanal, am Augenlid und auf der Wange,
wobei sie in diesen Körperregionen kleiner ausgebil-
det sind als beispielsweise in der Achsel. Ihre Funktion nehmen diese Duftdrüsen erst mit der Pubertät
auf,[9] eine sexuelle Aufgabe ist deshalb wohl kaum zu
leugnen. Überdies gibt es zwischen allen Drüsen des
Menschen, dem Stoffwechsel und dem Nervensystem
vielfältige Wechselwirkungen. Dementsprechend reagieren die Duftdrüsen beispielsweise auf Streß und
bei sexueller Stimulation. Es kommt zu einer größeren Sekretausschüttung, zum Beispiel zu mehr
Schweiß- und Vaginalsekret, die Körpertemperatur
erhöht sich, womit zugleich eine deutliche Duftäuße-
rung einhergeht.

Die Erfahrung lehrt, daß man Angstschweiß produzieren kann, der Tiere sogar zum Angriff ermutigt,
und einige Wissenschaftler, die sich mit den sexuellen
Düften des Menschen beschäftigt haben, sind überdies

davon überzeugt, daß auch der sexuell stimulierte Körper seinen ganz spezifischen Geruch abgibt.[10] Dies bestätigt auch die Wahrnehmung eines Patienten von Oliver Sacks, der vorübergehend an einem stark sensibilisierten Geruchssinn »litt«. Während dieser Zeit hatte er ganz außergewöhnliche Geruchserfahrungen, er nahm Gerüche wesentlich aufmerksamer wahr und konnte zudem Angst, Zufriedenheit oder sexuelle Erregung bei anderen Menschen riechen.[11] Aber selbst wenn man einen normal funktionierenden Geruchssinn besitzt, sind einige Menschen in der Lage, diesen besonderen »Sexgeruch« auszumachen, wie der Fall eines 22jährigen Mann zeigt:

Vor zirka vier Jahren habe ich festgestellt, daß ich per Geruchssinn konstatieren kann, wenn eine Frau in meiner Nähe erregt ist. Was zunächst ein Schock war, stellte sich im nachhinein als sehr vorteilhaft heraus. (...) Obgleich ich zeitweise von der latenten »Geruchsbelästigung« »die Nase voll habe«.

Die sexuelle Erregung anderer Menschen an deren Geruch wahrzunehmen ist sehr wahrscheinlich möglich, insbesondere, wenn man gelernt hat, die feinen Körpergeruchsnuancen zu unterscheiden. Einige Männer und Frauen haben etwa die Fähigkeit, Geruchsveränderungen des Körpers zu registrieren, die vom Monatszyklus, von der Schwangerschaft, von der Ernährung, vom Streß oder von Krankheiten etc. abhängig sind. Im Gegensatz zu dieser Geruchssensibilität, die permanent vorhanden ist, gibt es offenbar eine, die durch die sexuelle Stimulation geweckt wird. Es ist die Lust auf das Beschnuppern, die normalerweise nicht vorhanden ist und während des sexuellen Aktes wahrscheinlich zur »Einstimmung« dient. Das Beriechen ist

wie das Registrieren der Düfte in aller Regel ein unbewußter Vorgang. Eine 24jährige Frau beschreibt ihr
Verhältnis zum Körpergeruch ihres Freundes entsprechend folgendermaßen:

*Ich (...) möchte einige Erfahrungen, mein Riechor-
gan betreffend, mitteilen. Seit über 3 Jahren habe
ich denselben Partner und in dieser Zeit gelernt, natürlich mit Körpergerüchen umzugehen. Ich erinnere mich, daß mir früher mein eigener Geruch unangenehm war und mich verunsicherte, sowohl mein
Achsel- als auch mein Intimgeruch. Auch wäre ich
nie auf die Idee gekommen, den Schweißgeruch anderer Menschen attraktiv zu finden. Selbst jetzt reagiere ich auf den Schweißgeruch meines Partners
mit »Naserümpfen«.*

*Wenn wir Lust haben, miteinander zu schlafen,
empfinde ich den Geruch jedoch nicht als unangenehm, aber auch nicht als anregend. Trotzdem
besteht ein Großteil der Vorbereitung auf den Geschlechtsakt nicht nur darin, verschiedene Körperregionen zu befühlen und zu schmecken, sondern
auch darin, sie zu beriechen. Und ich tue es in diesem Moment ausgesprochen gern.*

*Die Lende und die Innenseite des oberen Teils des
Oberschenkels zum Beispiel riechen modrig mild,
etwas fischig und geben einen Vorgeschmack auf
das geruchlich intensivere Genital. Ich bin mir nicht
sicher, ob es in dieser Situation der Geruch ist, der
mich erregt, und nicht etwa die über den Ge-
schmacks- und Tastsinn erfahrenen Reize. Was ich
liebe, ist am Hals meines Partners zu schnuppern,
an seinem Kopf und am Ohr, an den Wangen, wenn
wir morgens gemeinsam aufwachen. Es ist ein
dumpfer Geruch nach Speichel, Kreide und Salz.*

*Mein Kopfkissen riecht auch so. Dieser Geruch hat
für mich etwas ganz Vertrautes, der mich Geborgenheit fühlen läßt.*

Die Eindrücke des Geschmacks- und Geruchssinns sowie des Tastsinns sind in der Tat beim Küssen untrenn-
bar miteinander verbunden, sie verschmelzen sozusagen. Auch fordert jede andere Handlung, die mit dem
Mund ausgeführt wird, alle drei Sinne gleichzeitig.
Unter Umständen ist sogar der Hörsinn beteiligt,
wenn nicht gar der Sehsinn. Weil nun die drei erstge-
nannten Sinne immer angesprochen werden, wenn der
Mund in Aktion tritt, sind sie auch immer zum Registrieren und Beurteilen aufgefordert. Dabei sind gerade der Geschmack und der Geruch eng miteinander
verknüpft, weshalb sie Ludwig Edinger Anfang des
Jahrhunderts auch als *einen* Sinn, als Oralsinn, bezeichnete und Hippolyt Cloquet 1824 sie als Zwillinge
ansah, »die ein Gefühl vereint und leitet«.[12] Die enge
Verknüpfung macht es uns wiederum sehr schwer zu
unterscheiden, welcher der Sinne denn nun eigentlich
angesprochen wird. Nur so viel gilt als sicher: Ohne
den Geruchssinn ist der Geschmackssinn, was den Ge-
nuß betrifft, nahezu aufgeschmissen. Menschen, die
zum Beispiel geruchsblind sind, haben wenig Gefallen
am Essen, und einigen vergeht sogar die Lust auf die
Sexualität.[13]

Was das Küssen und das Abküssen des Körpers anbelangt, bei dem ja diese Sinne hochgradig angesprochen werden, so weisen diese Gesten meines Erachtens
auf vormalige Handlungen der menschlichen Vergangenheit hin, nämlich auf das Beschnüffeln.[14]

Der Liebeskuß ist selbst für Europäer eine relativ
»neue Erfindung«, und er hat sich erst in diesem

Jahrhundert weltweit durchgesetzt. Um die Jahrhundertwende küßten sich auf dieser Welt weit mehr Menschen mit den Nasen als mit dem Mund. Für jene Völker oder Volksgruppen war der Nasenkuß das Äquivalent zum Mundkuß, bei dem keineswegs das Reiben der Nasen im Vordergrund steht, sondern vielmehr das Beriechen des anderen.[15]

Das Küssen, ob nun mit einem Nasen- oder Mundkuß durchgeführt, ist nicht nur dem Liebesspiel vorbehalten, vielmehr ist es sehr häufig auch Teil des Begrüßungsaktes. In dieser Form wird er jedoch weniger inniglich ausgeführt. Denken wir beispielsweise an das französische Begrüßungsküssen, bei dem ja nicht auf die Wange, sondern neben die Wange in die Luft geküßt wird, dann tritt das Einatmen der anderen Person ganz deutlich als Teil dieser Geste hervor. Anders als beim Handschlag geht man beim Wangenküssen direkt auf Tuchfühlung, wobei die Körperdüfte noch eindringlicher wahrgenommen werden. Generell ist aber das Begrüßen einer Person immer eine Möglichkeit, ihr nahe zu kommen und sie geruchlich wahrzunehmen. Ist man in eine Person verliebt oder an jemandem sexuell interessiert, dann sucht man automatisch die Nähe zu verringern, wobei unwillkürlich der Geruchssinn in Aktion tritt. So berichtet beispielsweise ein 35jähriger Mann:

Es ist meines Erachtens generell der Fall, daß man jemanden »riechen« kann bzw. die Negation dessen. Ein Mensch (in meinem Falle eine Frau) kann durchaus von seinem Äußeren eine sexuelle Stimulation auf mich ausüben, der erste Kontakt – was ich selber irgendwann einmal mit Erstaunen »bewußt« wahrnahm – ist jedoch nicht der der Berührung, sondern der eines »Eintretens« in den Intimbereich

dieser Person, verbunden mit einem »Schnuppern«.
Natürlich kann dieser »Schnuppereindruck« durch
Pflegemittel kaschiert werden, doch Pflegemittel al-
lein machen noch keinen »typischen« Geruch aus.
Sowohl »schlechte Parfüms« als auch »schlechte
(ungepflegte) Körpergerüche« stoßen mich sehr
wohl ab. Man kann hierbei auch fast von »sympa-
thischen« und »unsympathischen« Gerüchen spre-
chen.
»Den kann ich nicht riechen« entspringt unter an-
derem wahrhaftig einer realen Wahrnehmung und
nicht nur einer »metaphorischen« Sprechweise.
Nicht die Augen treffen meines Erachtens die Ent-
scheidung, sondern die Nase!
Dieser »sympathische«, im Verlauf einer Partner-
schaft sowohl »Geborgenheit« als auch »sexuelle
Stimulation« vermittelnde Geruch läßt sich vor-
nehmlich in der Bettwäsche feststellen (unter ande-
rem auch die unvermeidbare Szene, sollte sich in ihr
ein »fremder Geruch« feststellen lassen). (...)

Georg Friedrich Most schrieb bereits vor mehr als 150
Jahren: »Von allen Sinnen ist ... der mit der physi-
schen Liebe so innig verbundene Geruchssinn am
wirksamsten. Er, der subjectivste aller Sinne, hat eine
weit größere Wichtigkeit, als der Geschmacksinn. Er
ist nicht nur beim Menschen ein reicher Quell der
Lust, der Sinn sanfter und zarter Eindrücke, zärtlicher
Erinnerungen, sondern er schließt sympathisch selbst
Freundschaften.«[16] Und es scheint fast so, als ob die
Nase, heimlich, still und leise, eine Entscheidung träfe,
längst bevor uns der Verstand von dieser Entscheidung
Mitteilung gemacht hat. Zumeist ahnen und bemerken
wir diese Entscheidung des Geruchssinns noch nicht

einmal, und so bedarf es denn manchmal auch bestimmter Umstände, um der eigenwilligen Nase auf die Spur zu kommen, wie die nachfolgende Zuschrift einer 25jährigen Frau zeigt:

Ein Bekannter erzählte mir, daß es in seinem Freundeskreis eine Frau gäbe, die er »nicht riechen könne«, was seiner Meinung nach auch der Grund dafür gewesen sei, daß trotz Sympathie und äußerlicher Anziehung niemals eine Beziehung daraus wurde.

Bis zu diesem Zeitpunkt war es für mich unvorstellbar, mit einem Menschen befreundet zu sein, dessen Geruch ich nicht mochte; geschweige denn, mit einem solchen Menschen zu schlafen. Diese Tatsache war für mich so selbstverständlich, daß ich zunächst auf diese Aussage mit totalem Unverständnis reagierte. Er erzählte weiter, daß er sich dann gezwungen hätte, sie nicht auf Grund ihres Körpergeruchs abzulehnen. Heute, sagte er, könnte man ihre Beziehung durchaus als Freundschaft bezeichnen. Er hätte sich ein wenig an ihren Geruch gewöhnt, allerdings wäre von seiner Seite immer noch eine Distanz spürbar.

Ich fing daraufhin an, diesen Sachverhalt bei mir genau zu erforschen, weil ich bis dahin noch nie mit einem solchen Problem konfrontiert worden war. Und es sah so aus, daß meine Nase eine klare Vorentscheidung traf, noch bevor ich überhaupt nachdenken konnte, ob ich mich zum Beispiel aus irgendwelchen Gründen mit einem Menschen beschäftigen wollte. Ich versuchte, mir diesen Vorgang noch bewußter zu machen. Dabei mußte ich feststellen, daß es bereits unter meinen Freunden eine viel stärkere Differenzierung von Geruchssympathie gab, als dies von mir angenommen wurde. Es gab auch für jeden Menschen eine individuelle Geruchstoleranz. Je näher ich mit jemanden zusammen war, desto größer war auch diese Toleranz. Am tolerantesten bin ich meinem Partner gegenüber, was natürlich nicht ungewöhnlich ist.

Bemerkenswert ist jedoch, daß meine Geruchssympathie für meinen heutigen Freund nicht außergewöhnlich war. Ich hätte nicht sagen können, ob er gut oder schlecht riecht. Ich fand beispielsweise seinen Schweißgeruch genauso unangenehm wie bei meinen Freunden. Inzwischen muß allerdings entweder die Geruchstoleranz so hoch oder meine Nase so lernfähig geworden sein, daß sich das vollkommen geändert hat, denn inzwischen habe ich das Gefühl, schnüffelabhängig zu sein. So lege ich mir immer ein Halstuch oder ein T-Shirt von ihm ins Bett, wenn er nicht da ist, und Gerüche, die ich vorher generell unangenehm fand, wie zum Beispiel ungewaschene Kopfhaut, wirken jetzt auf mich beruhigend. Ebenso ist sein Schweiß eher etwas Stimulierendes geworden. Wogegen ich diese Gerüche an mir selbst als unangenehm empfinde und versuche, sie möglichst zu vermeiden. (...)

Während diese Frau den Körpergerüchen ihres Freundes zunächst neutral gegenübersteht, ihnen nichts Außergewöhnliches abzugewinnen vermag, wird sie späterhin »schnüffelabhängig«. Dies hat in diesem Fall wohl weniger mit einer größeren Geruchstoleranz oder einer lernfähigen Nase zu tun, wie diese Schreiberin vermutet, als vielmehr mit der wachsenden Zuneigung und Vertrautheit, die sie ihrem Partner gegenüber entwickelt hat. Zuneigung und Geruch scheinen miteinander ein Bündnis einzugehen, und so schließt der Geruchssinn nicht nur »sympathisch selbst Freundschaften«, sondern er stellt sich auch in den Dienst einer Freundschaft, sofern die Gefühle stimmen. Daß auch der umgekehrte Fall möglich ist, daß also die vormals gemochten Körpergerüche eines Menschen mehr und mehr als unangenehm empfunden werden, weil man sich von dem entsprechenden Menschen immer mehr distanziert, kann der Mitteilung eines 26jährigen bisexuellen Mannes entnommen werden:

Innerhalb meines Freundeskreises haben Körperdüfte eine besondere Bedeutung, weil Umarmungen und Küsse bei einem Teil zum Ritus geworden sind. Eine Freundin begrüßte mich, wenn ich längere Zeit nicht geduscht hatte (...), offensichtlich erregt. Sie sagte dann meist, daß sie auf meinen Duft abfahren würde, und wir schliefen dann erst einmal miteinander. (...) Als diese Beziehung langsam zerbrach, wandelt sich ihr Verhältnis zu meinem Duft ins Gegenteil.

Ich küsse wahnsinnig gern in Achselhöhlen oder halt unten, was wohl daran liegt, daß ich mich nur mit Menschen umgebe, die ich »riechen kann«. (...) Hin und wieder lieh ich mir Kleidungsstücke von Personen aus, auf die ich abfuhr, um mich an ihnen riechend zu befriedigen. Gleiches geschieht, wenn ich mit einer Person über mehrere Tage im selben Bett schlief, dann befriedigte ich mich in der ersten Nacht danach selbst, während ich den Duft einsaugte. Dabei vermag ich nicht zu sagen, welche Bedeutung der Tatsache zukommt, daß Erinnerungs- und Geruchszentrum im menschlichen Hirn direkt nebeneinander liegen. (...)

Auch kommt es schon mal vor, daß ich an Tagen, da ich meine, stärker nach mir zu riechen (länger nicht geduscht), auf mich selbst ganz schön abfahre, hingegen an anderen Tagen habe ich nur das Gefühl zu stinken.

Wenn ich eine Nacht vögelnderweise verbracht habe (es gibt wohl einige Leute, die dann unbedingt erst duschen müssen), gibt es bestimmt kein besseres Ausdrucksmittel für mein Wohlgefühl, vielleicht auch meine Erhabenheit, als diesen ganz speziellen Körpergeruch, den ich dann auszusenden meine. Immer wieder treffe ich auf Männer, deren Geruch (etwas spießiger betrachtet würden sie nach Schweiß stinken) mich tierisch anmacht. Gerade auf dem Spielfeld »Männerwelt« stelle ich diese Geruchsorientierung fest, wenn ganz bestimmte andere Mechanismen nicht zum Tragen kommen.

Und eine 38jährige Frau äußert sich zum gleichen Phänomen:

Ich habe die Erfahrung gemacht, daß das Geruchsempfinden bei mir die Seele entlarvt. Wenn eine Beziehung gefühlsmäßig zu Ende geht und man es sich nicht selbst eingesteht, setzt der Geruchssinn ein Alarmzeichen. Das heißt, daß ich dann an meinem Partner Gerüche als unangenehm empfinde, die mich vorher nicht gestört haben. Heute ist dies für mich ein erstes Alarmsignal, um meine inneren Empfindungen zu überprüfen.

Das Sprichwort »Jemanden nicht riechen zu können« wird in diesem Fall zur gelebten Wirklichkeit.

Was für den allgemeinen Körpergeruch Geltung haben mag, trifft anscheinend auch für einzelne Regionalgerüche wie etwa den Intimgeruch zu. Als Beispiel zitiere ich hierzu den Briefausschnitt einer 23jährigen Frau:

> (...) *Offensichtlich sind die mit einem Geruch verbundenen Gefühle nicht generell und für immer an die erlebte Situation gebunden, denn der Intimgeruch eines Partners, den ich zu Beginn der Beziehung als verlockend empfand, wird nur dann unangenehm, wenn die Freundschaft nicht mehr mit meinen Vorstellungen und Erwartungen an eine Liebesbeziehung übereinstimmt.*

... da konnte ich nicht mehr

Wir haben inzwischen eine Ahnung davon bekommen, welchen Einfluß die Nase ausübt, wenn es um unsere Sexualität geht. Ihre kleinen und großen Entscheidungen beeinflussen nicht selten unser sexuelles Verhalten und unsere Partnerwahl. Und es scheint fast so zu sein, als ob eine leidenschaftliche Sexualität hochgradig von der Akzeptanz der Körpergerüche des Sexualpartners abhinge. Dies kann man zumindest den bisherigen Schilderungen entnehmen.

Gerüche, die von uns als angenehm, anziehend, faszinierend oder sexy empfunden werden, sind offenbar in der Lage, ein besonderes Verhältnis zum entsprechenden Menschen herzustellen oder die Wollust zu steigern. Eine entgegengesetzte Reaktion können hingegen Gerüche auslösen, die »irgendwie nicht gemocht« werden. Diese Aversion gegenüber bestimmten Körpergerüchen kann sogar so weit gehen, daß nicht nur eine distanziertere Haltung gegenüber einem Menschen eingenommen wird, sondern daß es plötzlich zu einem Umschwung der Gefühle kommen kann, zu einer inneren Blockade, die jeden weiteren sexuellen Schritt unmöglich macht. Hierzu schildert uns eine 45jährige folgendes Erlebnis:

Als ich vor 25 Jahren einmal ein kleines Abenteuer mit einem Mann begann – es war die Zeit, in der man sich noch keine Gedanken um Aids machen mußte, im Gegenteil, es galt als schick beziehungsweise als modern und unverkrampft, mehrere Lieb-

haber gleichzeitig zu haben (man war ja ungemein tolerant) –, war ich von diesem zunächst sehr angetan. Er hatte eine fabelhafte Figur, sah gut aus, war rassig, groß und nicht dumm.

Eines Tages war es soweit, wir landeten im Bett. Der Abend war schön verlaufen, ich war ganz hingerissen von seinen breiten Schultern und seiner unkomplizierten Art, mich zu begehren, doch je näher wir uns kamen, desto unerträglicher wurde mir seine Gegenwart. Sein Rasierwasser oder seine Seife hatten einen derart abstoßenden Geruch, daß ich mich schier überwinden mußte, ihn weiter zu küssen und mir seine Liebkosungen nur noch mehr oder weniger gefallen ließ.

Irgendwann empfand ich dann seinen Geruch als derart widerlich, daß ich mich unter Vorwänden ins Bad verkroch, um erst einmal nachzudenken, was denn los sei. Kaum war ich allein, war es mir klar. Ich konnte ihn einfach nicht riechen. Es war nicht nur sein Rasierwasser oder irgendein anderes Duftwässerchen, sondern vor allem sein Körpergeruch. Auf Anhieb wurde mir klar, weshalb ich ihm gegenüber bisher immer so zögerlich gewesen war.

Ich nahm all meinen Mut zusammen, wollte mich herausreden und habe letztendlich die Wahrheit gesagt. Damit endete unsere Beziehung auf dieser Ebene, wir blieben entfernte Bekannte. Sobald wir uns sahen, assoziierte ich jedoch jedesmal diesen Geruch schon von weitem.

Vor ein paar Jahren lernte ich einen Arbeitskollegen kennen, der ebenso oder sehr ähnlich roch. Es war die gleiche Geruchsausstrahlung. Dieser Geruch ist übrigens sehr schwer zu beschreiben, obwohl ich ihn jederzeit unter Tausenden von Gerüchen identi-

fizieren könnte. Er ist etwas süßlich-warm, wie die süßliche Wärme einer Schwulenkneipe, oder ähnlich einem alten Kissen, das auch schon in einer Kneipe gelegen hat. Ich bin einmal morgens an einer Bar vorbeigekommen, in der Barmädchen bedienen usw., da roch es ähnlich.

Auch ein 72jähriger Mann erinnert sich:

Ich habe erst in späten Jahren etwas mit einer Frau gehabt, da war ich schon Mitte zwanzig. Wir wurden ja damals auch anders erzogen als heutzutage. Eine Frau zum Tanz auszuführen oder nach Hause zu begleiten, das war schon ein kleiner Erfolg. Ich erinnere mich noch sehr gut, als ich meine erste Tanzpartnerin im Arm hielt, das war einfach hinreißend, und ich mochte sie auch recht gern riechen. Selbstverständlich begleiteten mich diese Düfte noch Tage, und sie regten auch unbestritten meine Phantasie an.

Aber meine erste intime Erfahrung war eine ganz andere. Sie trug sich im Freien zu, wo sollte man auch hin, und natürlich hatten wir beide ständig Furcht vor Entdeckung. Deshalb habe ich die Naturgerüche auch noch recht gut in Erinnerung. Weniger erfreulich waren hingegen die Erfahrungen mit den Frauendüften, die mir entgegenschlugen. Meine Erregung stellte sich einfach ein. Zum Glück hatte meine Bekannte völliges Verständnis für meine Situation, da sie glaubte, es sei meiner Aufgeregtheit geschuldet.

Nie wieder habe ich diesen Geruch wahrgenommen, der meines Erachtens nichts mit der Körperpflege zu tun gehabt hatte, denn diese Bekannte war eine gepflegte Erscheinung. Es war einfach die Natur, die

gegen mich entschieden hatte, davon bin ich über-
zeugt.
Meine Frau, die leider vor ein paar Jahren gestorben
ist, roch sehr gut, ich habe ihre Gerüche wahrlich
geliebt, von Anfang an. (...)

Und ein 32jähriger Mann gesteht:

(...) Ich vögel unbeschreiblich gern, und das mag
sich jetzt vielleicht blöde anhören, aber ich liebe die
Frauen. Irgendwas ist an jeder dran, und besonders
lieb ich ihre Formen und Gerüche. Die meisten ach-
ten ja auf ihr Äußeres und waschen sich häufiger als
Männer. Richtig fies hat noch nie eine gerochen.
Wenn sie besonders gut riechen, manche riechen
auch echt geil, dann törnt mich das noch mehr an.
(...)
Einmal allerdings, da klappte es bei mir nicht, weil
der Geruch irgendwie nicht hinhaute, weiß auch
nicht so genau, aber der war mir unangenehm. (...)
Beim Vögeln entstehen natürlich auch ganz schön
Gerüche, vor allem, wenn man einige Tage rum-
macht und weil ja auch Schweiß fließt oder wenn
die Frau ihre Regel hat usw. Ich würde sagen, das ist
dann ein richtiger Kick und wirkt wie ein Sexelixier.
(...)

Auch bei diesem 26jährigen Mann »klappte es nicht«,
weil der Sexualpartner »unbestimmt« roch:

(...) Selten habe ich mit jemandem Geschlechtsver-
kehr gehabt, den oder die ich nicht »riechen konn-
te«, wobei mir mindestens eine Situation einfällt, in
der ich »Orgasmusprobleme« bekam. Bei Frauen,
die ich nicht riechen konnte, versuchte ich, auch den

Einfluß ihres Geruchs zu verdrängen, meistens konnte ich jedoch keine längere Beziehung zu ihnen aufbauen. (...)

Und eine 35jährige Frau teilt mit:

Meine Erlebnisse sind eher genereller Art. Grundsätzlich läuten innere Alarmglocken, wenn ich bei näherem Kontakt feststelle, daß ich den Eigengeruch und/oder den Geruch des Wohnraumes einer betreffenden Person unangenehm oder intensiv wahrnehme. Ich bin in solchen Fällen geneigt, meine Gefühlslage kritischer zu betrachten. Dies bezieht sich auch auf die Wahl des Parfüms der betreffenden Person.

Während »intensiver Betätigung sexueller Art« nehme ich die mir ansonsten sehr wichtigen feineren Körpergerüche weniger wahr, es sei denn, sie, das heißt, die intensiven Gerüche, sind »unüberriechbar«. In solchen Fällen hat sich ein erotischer Kontakt nicht lange gehalten.

»Fazit« – Art und Weise der Beziehung allgemein und die Intensität wie auch Dauer erotischer Beziehungen sind entscheidend vom Geruch der jeweiligen Person abhängig.

Wie sich zeigt, können der gesamte Körpergeruch, aber auch einzelne Körperdüfte einen inneren Widerstand auslösen. Dazu schreibt zum Beispiel eine 29jährige Frau, die einen sexuellen Kontakt wegen des Geschlechtsgeruchs des Sexualpartners beendete:

Wenn ich mit Männern ins Bett gehe, dann müssen die auch gut riechen, sonst läuft gar nichts. Jemand, der stinkt, den lass' ich gar nicht an mich ran, da kann der noch so gut aussehen. Gibt ja Typen, die bilden sich ein, John Wayne zu sein, und rauschen an einen mit so'm ätzenden Männergeruch ran und glauben auch noch, daß einen das umhaut.

Einmal bin ich auf so einen reingefallen, der roch eigentlich ganz gut, und ich hätte auch nix gemerkt, wenn ich nicht völlig auf den abgefahren wäre und es unbedingt mit dem Mund hätte treiben wollen. Da konnte ich nicht mehr, ganz ehrlich, der hatte sich mindestens eine Woche nicht mehr gewaschen oder der hat immer so einen ätzenden Geruch. Nein danke.

Ähnlich erging es auch einem 32jährigen Mann, der dem Intimgeruch seiner Sexualpartnerin allerdings nur mit der Nase aus dem Wege ging:

Für mich war die prägendste Erfahrung, das weiß ich noch auf den Tag genau, das war mit Tamara aus Südafrika, sie war ein wenig fülliger als normal. Wir hatten gut einen getrunken und lagen dann zusammen im Bett. Und dann streifte meine Zunge hinunter zum Bärenauge und wollte dieses lecken, aber es kam mir frühzeitig ein Fischgeruch entgegen, und so wandte ich mich sofort ab. Trotzdem haben wir dann miteinander geschlafen, denn das eine hat ja mit dem anderen nichts zu tun. Einen Pimmel kann man waschen.

Für eine 23jährige Frau ist dagegen der Achselgeruch des Partners eine ständige Gefühlsbremse:

Ich denke, daß ich einen großen Fehler gemacht habe, das wird mir erst jetzt richtig klar, wenn ich meine Geruchsgefühle beschreibe. Die Sensibilität für unangenehme Gerüche hat im Laufe der Beziehung zugenommen. Ich mag den Achselgeruch meines Partners überhaupt nicht. Das bremst meine Gefühle. Bei einem anderen Partner würde das sicher anders sein, beispielsweise kann dieser Geruch durchaus faszinieren.

Wie wir sehen, kann die Ablehnung des Geruchs zur Ablehnung der gesamten Person führen. Auch wird deutlich, daß die Reaktion auf bestimmte Gerüche nicht unbedingt steuerbar ist und Folgen für die sexuelle Handlung mit sich bringt. Anhand der drei folgenden Beispiele wird dies noch einmal anschaulich demonstriert, allerdings kann man an diesen Fällen auch sehen, daß beseitigbare Gerüche nicht das eigentliche Problem sind. So äußert sich ein 65jähriger Mann knapp und bündig zu Mund- und Aftergeruch:

Zu Erotik und Sexualität fällt mir nur folgendes ein: Mundgeruch wirkt auf mich derart abstoßend, daß von vornherein keine Kontakte aufgenommen werden. Tritt Mundgeruch während einer Partnerschaft krankheitsbedingt auf, wird sofort für Abhilfe gesorgt, so gut es geht.
Aftergeruch stört bisweilen, jedoch nicht immer. Ist er zu heftig, muß er beseitigt werden.

Und eine 28jährige Frau bemerkt zum Fußgeruch ihres Partners:

Bei einem Partner stellte ich zu Anfang unserer Beziehung sehr unangenehmen Fußgeruch fest. Als sehr geruchsempfindlicher Mensch war von da an die Vorstellung unmöglich für mich, unter diesen Umständen miteinander intim zu werden. Es half ein klärendes Gespräch, und mein Partner fand eine Lösung.

Ich habe aber auch schon einmal einen sexuellen Kontakt abgebrochen, weil die Hände meines Partners unangenehm rochen.

Zum Achselgeruch schreibt dementsprechend eine 21jährige Frau:

Mit Männern, die einen sehr intensiven Schweißgeruch haben, so daß er richtig in Augen und Nase beißt, könnte ich mir Sex nie vorstellen. Es ist dieser leicht nach Ammoniak riechende, in den Augen brennende Geruch, der besonders bei Männern vorhanden ist, die viel fettige Nahrung zu sich nehmen. Ich ekle mich regelrecht davor und halte dann von Anfang an Abstand.

Ist es nur alter Schweiß, weil man sich nicht duschen konnte, dann geht's, weil der ja wegzuwaschen geht.

Körpergerüche, die auf mangelhafte Körperhygiene zurückzuführen sind, wirken oft abstoßend oder können sogar als persönlicher Affront begriffen werden, was aus dem nachfolgenden Brief einer Frau (die keine weiteren Angaben zur Person macht) ganz deutlich wird. Die Schreiberin überlegt zudem, ob das Reinlichkeitsverhalten des Partners eventuell etwas mit seiner Zuneigung ihr gegenüber zu tun haben könnte:

Wenn ich die Nähe meines Freundes spüre, seine Frische rieche, die er von draußen mitbringt, bin ich immer sehr erregt. Es reicht aber nur, daß ich ihn unsauber entdecke, daß er wenigstens etwas nach Urin stinkt oder sein Schweißgeruch zu doll ist,

dann bin ich sofort dabei zu überlegen, warum er
sich nicht gewaschen hat. Bin ich ihm egal (?) usw.
So bringen mich diese Gedanken von der Sache ab.
Ich verspüre keine Lust mehr und muß irgendwie
das Ganze beenden. Dazu muß ich sagen, daß mein
Bewußt- oder Unterbewußtsein – was genau, weiß
ich nicht – die körperliche Frische nur vor dem Ge-
schlechtsakt braucht. (...)
Als sehr unangenehm erscheinen mir aber auch die
ganzen Parfümgerüche. Sie können nie die natürli-
che körperliche Frische ersetzen. Und außerdem
verleihe ich dem »fremden« Geruch etwas Personi-
fizierendes. Dann empfinde ich es so, als ob in der
Situation noch ein Drittes beteiligt wäre.

Neben Körpergerüchen können aber auch künstliche
Düfte den Wunsch nach geschlechtlicher Vereinigung
unterbinden oder eine Ablehnung des Geschlechts-
partners bzw. einer zuvor als attraktiv empfundenen
Person zur Folge haben. Ein 22jähriger Mann hat hierzu folgendes zu berichten:

(...) Ich erinnere mich an eine Affäre, die ich zuwei-
len verwundert als Teil meiner Geschichte ansehen
muß, sie verlief unbefriedigend. Diese Frau war ge-
nauso willfährig wie langweilig im Bett. Ihr Parfüm
war YSL. Ich kann diesen penetranten Gestank bis
zum heutigen Tag aus einer Ansammlung von
Frauen herausriechen und meide ihn.
Dieses Parfüm stößt mich so nachhaltig ab, daß ein
halbes Jahrzehnt später eine noch zarte Liebe des-
wegen enden mußte. Es war ungerecht, irrational
und von vielen wichtigen Gründen flankiert eine
Entscheidung, die ich bereue, und dafür verab-
scheue ich diesen Duft noch mehr. (...)

Zum gleichen Thema bemerkt eine 27jährige Frau:

Wenn mein Freund Aftershave benutzt, kann ich mit ihm nichts mehr anfangen. Das ist, als läge ich mit einem Fremden im Bett, das persönliche, intime Verhältnis ist für mich dann so gut wie unmöglich.
Er riecht dann einfach nicht nach sich selbst. Das irritiert mich besonders mit geschlossenen Augen extrem. Glücklicherweise benutzt er so gut wie nie Aftershave.

Und eine 28jährige Frau äußert sich folgendermaßen zu künstlichen Düften:

Ich persönlich finde Körpergeruch sehr schön, da ich wirklich sagen muß, daß mich der Geruch von Parfüm oder Aftershave absolut abtörnt. Er tötet alle meine Sinne. Ich kann es nicht verstehen, daß man seinen Geruch beseitigt und glaubt, andere Gerüche wären schöner. Wenn es um die Liebe geht, dann geht es doch auch um Nähe, und zur Nähe gehört doch der Geruch.

Auch die folgenden Zeilen einer 21jährigen bisexuellen Frau machen deutlich, wie abhängig die sexuelle Stimmungslage von Gerüchen sein kann:

Eine Sache fällt mir in diesem Zusammenhang von Sexualität und Geruch besonders ein, die nichts mit den eigentlichen Gerüchen zu tun hat. Einmal wurde ich mit einem Öl massiert, dessen Geruch mir nicht so zusagte, und es war für mich dann einfach schwerer, in Stimmung zu geraten. Der Geruch bremste mich irgendwie und lenkte mich auch ab.

Es kann der künstliche Duft an sich sein, der den anderen befremdet, aber es kann auch ein Zuviel an fremdem Duft oder eine spezielle Duftnote sein, die irritierend und abschreckend wirkt. Diesbezüglich äußert sich etwa ein 30jähriger Mann:

(...) Als erste Stufe einer geruchsorientierten Aufmerksamkeit möchte ich die Begegnung auf der Straße nennen. Wenn mir eine Frau entgegenkommt, die mir augenscheinlich gefällt, versuche ich, auch ihren Duft soweit wie möglich zu erhaschen. Ein dezenter Hauch von Parfüm kann durchaus erregende Gedanken hervorrufen. Wenn mir allerdings zum Beispiel der Duft von Moschus in die Nase zieht oder ein extrem blumiges Parfüm, dann hat das eher abschreckende Wirkung. Dasselbe gilt für ein Zuviel an künstlichem Aroma. Die Wirkung ist mit einem Zuviel eines Gewürzes im Essen vergleichbar, das alle Eigengeschmäcker der anderen Zutaten übertönt, wie zum Beispiel Curry. (...)

III. Kapitel

INTIMDÜFTE

Über Intimgerüche spricht man in aller Regel nicht öffentlich. Sie sind irgendwie nicht vorhanden, und wird doch über sie gesprochen, dann äußert man sich eher negativ über sie. Es sind unangenehme, ja üble Gerüche, von denen dann die Rede ist, die eigentlich nichts am Menschen zu suchen haben.

Niemals hat irgend jemand während meiner jetzt fünfjährigen Arbeit auf diesem Gebiet spontan etwas Positives zum Intimgeruch geäußert. Auch bin ich während dieser Zeit niemandem begegnet, der über intime Gerüche ebenso offen gesprochen hätte wie über andere Körpergerüche. Niemals habe ich jemanden die Worte Intimgeruch und Geschlechtsgeruch von sich aus in den Mund nehmen hören, noch war die Rede vom Penis- oder Vaginalgeruch. Ich mußte »zwischen den Zeilen« lesen, auf Untertöne achten, um dann nachzuhaken, wenn ich etwas Näheres erfahren wollte. Hatte ich erst einmal das Unaussprechliche ausgesprochen, dann waren zaghafte Annäherungen an das Thema möglich.

Woran liegt das? Ich würde nicht unbedingt soweit gehen zu behaupten, daß man über diese Gerüche nicht spricht, weil sie tabuisiert sind. Was ist heutzutage schon wirklich tabuisiert? Auch kann man von meinen Gesprächspartnern, Männern wie Frauen, Alten wie Jungen, nicht behaupten, daß sie gehemmt waren. Vielmehr hatte ich bei den Gesprächen den

Eindruck, als ob ich in einen sehr intimen Raum eindringen würde – als wäre ich einem Geheimnis auf der Spur.

Es ist nun keineswegs so gewesen, daß Intimgerüche geleugnet wurden, nein, ganz und gar nicht, aber den Betroffenen war es peinlich, über diese Düfte zu sprechen, weil ein Sprechen über intime Gerüche dem Eingeständnis gleichgekommen wäre, »da unten zu riechen«. Dieses offene Geheimnis wollte keiner *von sich* preisgeben. Dementsprechend erzählten mir Männer von unangenehmen Frauengerüchen und Frauen hin und wieder von unangenehmen Erfahrungen, die sie mit dem Uringeruch am Penis gemacht hätten.

Eine aufschlußreiche Unterhaltung hatte ich mit zwei älteren, äußerst gepflegten und parfümierten Sekretärinnen, mit denen ich zufällig beim Kopieren ins Gespräch gekommen war. Diese Frauen wußten sehr wohl, an welchem Thema ich arbeitete, und fragten provokant, was denn die Gerüche machten. Ich erzählte, daß ich den künstlichen Düften immer weniger abgewinnen könne, und wenn das so weiter ginge, würde ich wohl irgendwann zum Opfer meiner eigenen Forschung werden.

Beide Frauen konnten meine Haltung nicht fassen und bestärkten einander in der Ansicht, daß man Körpergerüche doch wohl nicht dulden oder allen Ernstes als angenehm empfinden könne. Es sei geradezu ekelerregend, betonte eine der beiden, wenn jemand oder man selbst nach Schweiß stinke. Man schaute mich wie ein bedauernswertes Wesen an und ließ auch nichts unversucht, mir zu zeigen, daß ich doch irgendwie »verdreht« sei. Sie redeten förmlich auf mich ein und taten so, als gäbe ihr eigener Körper keine Düfte ab, die nach irgend etwas röchen, weil ja eine vernünf

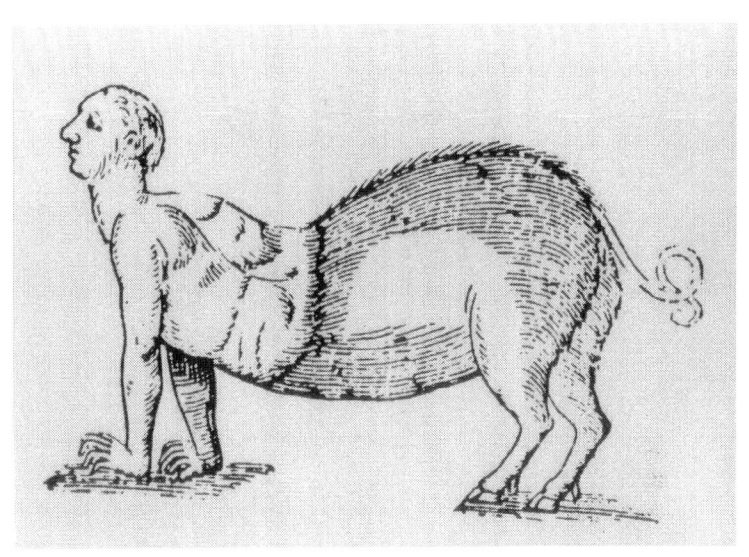

Abb. 9: Halb Mensch, halb Schwein.

tige Hygiene eingehalten würde. Ein anderer Mensch
werde somit niemals mit irgendwelchen ihrer Gerüche
konfrontiert. Ich war in ihren Augen, das sah ich ganz
deutlich, ein rosaroter grunzender Vierbeiner.

Ich weiß, daß man als Wissenschaftlerin böse Attak-
ken durch Argumentation abwehren sollte, aber mir
war in diesem Augenblick nicht nach Argumentieren
zumute, und so holte ich zu einem boshaften Gegen-
schlag aus. Ich machte darauf aufmerksam, daß bei
sehr intimen sexuellen Handlungen, wie etwa dem
Mundverkehr, Gerüche doch wohl nicht zu leugnen
seien. Plötzlich änderte sich der Tonfall, es wurde leiser gesprochen, ein wenig Röte war in einem der Gesichter zu sehen, es wurden Zugeständnisse gemacht,
und es kam sogar zu der Bemerkung: »Männer mögen
das halt.«

Das Leugnen eigener Körpergerüche, und speziell
der Intimgerüche, habe ich übrigens in Gesprächen mit
Frauen sehr viel häufiger erlebt als mit Männern.
Auch waren es mehr Frauen als Männer, die behaupte-
ten, daß ihre Partner auf »derartige Gerüche abfahren« würden.[1] Was ich jedoch eigentlich mit diesem
Beispiel deutlich machen möchte, ist die Tatsache, daß
man über intime Gerüche nicht gern spricht, daß man
sich ihrer durchaus bewußt ist, sie folglich auch wahrnimmt und daß man sich ihretwegen zu schämen
scheint.

Diese Scham gegenüber Intimgerüchen mag bei
Frauen in gewisser Weise »fester« verankert sein als
bei Männern, weil Frauendüfte, anders als die intimen
Männerdüfte, Vorurteilen und Spott ausgesetzt waren
und sind. Sicherlich ist die Geruchsvariation bei
Frauen schon wegen der Menstruationsgerüche viel-
fältiger, aber das bietet keine Erklärungsgrundlage,

weshalb Männerdüfte nicht auch dem Spott ausgesetzt sind oder in der Fachliteratur einmal negativ beschrieben werden, wie das mit dem Intimgeruch der Frau geschieht.[2]

Was die beiden Sekretärinnen betrifft, so wird deutlich, daß die Geruchswahrnehmung am Intimbereich und auch das Wohlgefallen an intimen Düfte nur ungern eingestanden werden. Mit einem derartigen Eingeständnis tritt nämlich nicht nur eine intime Handlung ganz offensichtlich zu Tage, sondern man befürchtet, das Bekenntnis könnte dazu führen, als nicht normal angesehen zu werden. Dementsprechend behält man das Wissen um die intimen Gerüche lieber für sich.

Ich möchte sogar soweit gehen zu behaupten, daß intime Gerüche in der Tat zu den intimsten Aspekten der Sexualität gehören. Jemanden an diesen Gerüchen teilnehmen zu lassen, und mag dies auch nur verbal geschehen, kommt einer sehr intimen Geste gleich, etwa der des vertrauensvollen Öffnens der Schenkel. Man dringt sozusagen ins Innere der Sexualität ein, in einen Bereich, den man normalerweise hermetisch verschließt, weil man sich sonst geruchlich ausliefert. Wer Intimgerüche wahrnimmt, ist jemandem hautnah gekommen, und wer über Intimgerüche spricht, der läßt einen sehr viel über sich wissen. Das weiß jeder rein intuitiv, und deshalb herrscht einvernehmliches Schweigen.

Ein anderer Grund, den ich ja bereits angesprochen habe, ist der, als nicht normal zu gelten, gerade wenn Intimgerüche als anziehend oder angenehm empfunden und als lustvoll erlebt werden. Man sieht darin etwas Perverses, was man nur den niederen Säugetieren zugesteht oder allenfalls Menschen, die eine

krankhafte sexuelle Neigung haben, wie beispielsweise Geruchsfetischisten. Von daher gilt es, alles, was
mit einer Lust an den Intimgerüchen in Verbindung
gebracht werden könnte, zu verschweigen oder hart-
näckig zu leugnen.

Wenn überhaupt, waren es stille Eingeständnisse,
die mir gegenüber gemacht wurden, Andeutungen
oder Äußerungen, wie die oben erwähnte. Nur ein einziges Mal sprach ein 39jähriger Mann sehr frei über
sein Verhältnis zum Intimgeruch, besser gesagt, über
sein Verhältnis zum weiblichen Intimgeruch. Er teilte
mir mit, daß er immer den Geruch des Geschlechts
»überprüfen« würde, was ihm jahrelang nicht bewußt
gewesen sei, bis ihn eines Tages eine Frau angesprochen hätte. Sie hatte ihn dabei »erwischt«, wie er an
seinen Fingern schnupperte, und bemerkt: »Na, alles
in Ordnung?«

Dieser Mann ist wahrscheinlich kein Einzelfall, wie
auch jener nicht, über den Dr. med. Otto Stoll, Profes-
sor für Geographie und Ethnologie, im Jahre 1908 berichtet. Es soll sich dabei um einen Elsässer gehandelt
haben, der nach einer Nacht mit einer Zigeunerin
nicht nur mit sichtlicher Lust und großem Vergnügen
an seinen Fingern schnupperte, sondern der den Intimduft seines Abenteuers sogar mit Hilfe eines Taschen-
tuchs eingefangen hatte, um von Zeit zu Zeit daran
riechen zu können.[3]

Solche Männer gehören sehr wahrscheinlich zu jenen Menschen, die sich generell von Intimgerüchen sexuell stimulieren lassen können, wie auch die 31,9 %
befragten Männer und Frauen meiner Studie von
1998.[4]

Inwieweit der Intimduft tatsächlich zur willkürli-
chen Überprüfung benutzt wird, bleibt zu fragen,

auch, ob er dem Geruchszentrum Signale gibt, die dann weitergeleitet werden, um sexualbiologische Abläufe zu beeinflussen. Die unterschiedliche Duftausstrahlung hat jedenfalls, wie wir gesehen haben, sichtbare Konsequenzen. So wird etwa der weibliche Duft während des Zyklus unterschiedlich beurteilt, und als drastisch empfundene Gerüche können zum Abbruch der sexuellen Handlung führen, wie beispielsweise an den Fällen »John Wayne« und »Tamara« deutlich wurde.

Bislang liegen keine hieb- und stichfesten Beweise im Hinblick auf Intimgerüche und ihre Auswirkungen auf sexualbiologische Abläufe vor, wie sie im Bereich der Achselsekrete erbracht wurden, was meines Erachtens an den Fragestellungen und den damit verbundenen Untersuchungsmethoden liegt. So ist mir keine Untersuchung bekannt, wonach zum Beispiel Geschlechtssekrete ebenso wie Achselsekrete auf die Oberlippe appliziert wurden, um eventuelle Reaktionen bezüglich der Länge des Monatszyklus zu erforschen.

Man weiß allerdings, daß bestimmte Fettsäuren im Vaginalsekret vorkommen und daß ihr Anteil während des Eisprungs am höchsten ist. Diese Fettsäuren wurden zum Beispiel auch bei Rhesusaffen nachgewiesen und wegen ihrer Wirkungsweise Kopuline genannt. Sie regen beispielsweise männliche Affen oder Ziegenböcke zur Kopulation an. Kopuline sind also Pheromone, Sexuallockstoffe, des Vaginalsekrets, zumindest im Tierreich. Bei Menschen wurden bis zum heutigen Tage noch keine Reaktionen auf diese Fettsäuren festgestellt, wobei allerdings gesagt werden muß, daß lediglich Kommunikationsverhalten getestet wurde[5] und Testreihen, die sich über einen längeren Zeitraum erstrecken, noch ausstehen.

Eine sexuelle Aufgabe der Kopuline läßt sich freilich beim Menschen nicht leugnen. Der Zusammenhang zwischen Kopulinen und Eisprung ist nicht zu übersehen, zumal es zu keiner Anhäufung dieser Fettsäuren kommt, wenn Frauen hormonelle Kontrazeptiva (Pille) verwenden.[6] Die Entdecker der Kopuline haben sich diese jedenfalls patentieren lassen und schrecken vor ihrer Vermarktung wohl nur deshalb zurück, weil die Duftstoffe auch andere Sexualpartner anlocken könnten.[7] Mit Kopulinen, die aus weiblichem Vaginalsekret gewonnen wurden, konnte nämlich in einem Laborversuch ein Rhesusaffenmännchen »angetörnt« werden.[8]

Ein »Antörnen« durch Intimdüfte ist augenscheinlich auch bei Menschen möglich, wie die folgenden Mitteilungen zeigen, selbst wenn die Frage momentan noch unbeantwortet bleibt, welche Geruchsstoffe es genau sind, die den einen ins Schwärmen geraten lassen oder den anderen sexuell stimulieren.

Abb. 10: Animalische Geruchsanziehung. Cartoon 1983.

Und das ist, wie gesagt, sehr stimulierend

Ein 30jähriger Mann, der sich »eher ein unreges Sexualleben« bescheinigt, möchte kein konkretes einzel-
nes Erlebnis beschreiben, »sondern eher seinen Assoziationen freien Lauf lassen, um eine Reihe von
erotisch-olfaktorischen Erinnerungen zu erzählen«. Er
macht in seinem Brief darauf aufmerksam, daß seine
Nase durch Heuschnupfen und dadurch bedingten
chronischen Schnupfen beeinträchtigt ist, so daß seine
Geruchsempfindungen eingeschränkt sind. Ich kann
diesem Mann allerdings nicht nur einen äußerst feinen
Geruchssinn bestätigen, sondern eine außerordentlich
entwickelte Fähigkeit der Geruchsbeschreibung. Die
von ihm beschriebene Duftmischung des weiblichen
Intimbereiches könnte treffender nicht ausfallen und
spiegelt die von Forschern definierten Geruchsrichtun-
gen getreu wieder:[9]

*(...) Die betörendste Erfahrung machte ich mit dem
Intimgeruch. Als ich das erste Mal eine Freundin
mit einem Cunnilingus befriedigt habe, war ich
überwältigt von der Vielfalt der Gerüche der
Schamregion. Jeder Quadratzentimeter roch anders.
Der Schamhügel hatte einen eher haarigen Geruch,
allerdings anders als Kopfhaare, leicht muffig und
feucht, aber nicht unangenehm. Die Schenkel hatten
einen salzigen, schweißigen Geruch von verschiede-
ner Intensität. Je näher dem Geschlecht, desto intensiver.
Beim Geschlecht allerdings bin ich mir nicht sicher,*

ob ich den Geruch und den Geschmack trennen
kann. Da ja aber Geschmack und Geruch vielleicht
gar nicht zu trennen sind, versuche ich trotzdem
eine Beschreibung. Einerseits durchaus auch salzig,
muffig und feucht, allerdings intensiver als in den
umgebenden Regionen. Andererseits aber auch
leicht fischig und eisenhaltig metallisch. Vergleich-
bar mit dem Geruch von Speichel auf der Haut oder
aber mit dem Geruch von Blut. Zudem auch ein
Hauch von Eiweiß, da ja auch Speichel und Blut
hohe Eiweißanteile haben.
Erinnert hat mich der Geruch auch an Seewasserha-
fenmolen, wo die eben beschriebenen Düfte ja auch
zusammenkommen, das Salzige, Feuchte, Fischige,
leicht Modrige, wobei am Hafen natürlich noch der
Geruch der Luft hinzukommt. Während meine
Freundin einen Orgasmus hatte, kam noch eine
kleine Flatulenz hinzu, was einem schwefeligen Zu-
satz gleichkam. Ihr Körpergeruch war hinterher
schweißgeladen, aber ein anderer Schweißgeruch als
nach einer sportlichen Veranstaltung, eher süßlich
und sehr erregend für mich, vergleichbar mit dem
Morgengeruch, der aus Körpergerüchen und Liebes-
ausdünstungen besteht.
Eine weitere Erfahrung war die Erkenntnis, daß
mich der beißende Schweißgeruch einiger Frauen ei-
nerseits abstößt, daß ich den Geruch nur schwer er-
tragen kann, andererseits ich mich aber gerade zu
diesen Frauen sexuell hingezogen fühle. Vielleicht,
weil ihr Geruch ein ehrlicher, unverfälschter eigener
Geruch ist. Der Geruch von Sonnenhaut ist auch
sehr anziehend, und dort erlebe ich eine Mischung
aus Sonnenmilch, die natürlich parfümiert ist, und
Schweißgeruch. (...)

Dem folgenden Brief ist eine Geruchsbeschreibung des männlichen Intimbereiches zu entnehmen, die ebenfalls sehr treffend ausfällt. Die 20jährige Schreiberin steht am Anfang ihrer sexuellen Erfahrungen mit einem Mann, folglich sind intime Männergerüche für sie noch völlig neu:

Für mich spielt Geruch eine ganz besondere Rolle, in der Erotik und vor allen Dingen beim Geschlechtsverkehr. Ich habe erst vor zehn Monaten zum ersten Mal mit einem Mann geschlafen, und von daher bin ich noch ziemlich neugierig und mit »allen Sinnen« bei der »Sache«, wenn ich mit meinem Freund schlafe. Es ist noch immer ganz neu und aufregend, und da ich mit der Zeit natürlich auch immer »mutiger« wurde, im Umgang mit meinem Freund im Bett, wird es auch immer spannender zu erfahren, wie der Partner riecht.

Es ist für mich zum Beispiel sehr erregend, wenn ich mit meiner Nase am Intimbereich meines Freundes bin und ich ein Gemisch aus Schweiß (kein unangenehmer Schweißgeruch) und Sperma rieche. Es riecht süßlich, aber vor allen Dingen nach Eisen. Als ich über den Geruch von Sperma nachdachte, kam mir auch die Assoziation von Primelduft oder von einer Räuchermakrele! Diese Mischung, aus dem »blumigen«, dem frischen und dem metallischen Geruch, finde ich, trifft auch auf meinen Vaginalgeruch zu.

Wenn ich diesen Spermageruch bei meinem Freund bemerke, weiß ich, daß er kurz vor seinem Orgasmus ist – ich kann das vorher tatsächlich riechen –, und das ist, wie gesagt, sehr stimulierend.

Ebenso finde ich es wunderbar, an der Haut meines Freundes einfach nur zu riechen, besonders am

Oberkörper. Der (fast) natürliche »Hautduft«,
schwankend zwischen süßlich, herb, nach Gras,
Nelken oder auch natürlich etwas nach Schweiß riechend, verbunden mit der Wärme, ist unbeschreiblich schön.
Für mich gehört das »Erriechen« des Körpers vom
Intimpartner genauso dazu wie das »Ertasten« oder
»Erblicken«. Und da ich bislang noch kein abstoß-
endes Geruchserlebnis mit meinem Freund hatte,
habe ich auch keine Hemmungen oder Schwierigkeiten, ihn zu beschnuppern, weil Geruch einfach zu
ihm gehört, wie seine Arme und Beine.

Und eine Frau (die keine näheren Angaben zur Person
mitteilt) macht die nachstehenden Bemerkungen zum
Intimgeruch ihres Freundes:

Wenn mein Freund schön gewaschen ist, habe ich
keine Probleme, es mit dem Mund zu machen. Er
riecht zwar immer noch nach Haut, Salz und bitter-
sauer, aber angenehm. Manchmal riecht er auch
nach Moschus oder so, dann fahre ich richtig auf
ihn ab, ich glaube, das hängt mit seinem sexuellen
Zustand zusammen.

Eine Moschusnote findet sich tatsächlich im Intimduft
des Mannes,[10] wie sie im übrigen auch bei Frauen an-
zutreffen ist. Das Bukett des männlichen Geschlechtsgeruchs ist allerdings sehr viel reichhaltiger, als es hier
beschrieben wird, wenn auch nicht so abwechslungs-
reich wie das weibliche. Nach der Fachliteratur soll
die vorherrschende Note des Penisgeruchs eine Ca-
prylnote[11] sein, also eine Geruchsnote, die in Richtung
Ziegenbockgeruch geht. Dazu kommt ein Ammoniak-
duft, der vom Urin abhängig ist. Zudem findet sich ein

ranziger Fett- und Käsegeruch[12] unter der Vorhaut, der um so stärker in Erscheinung tritt, je länger die Reinigung der Eichel zurückliegt.

Generell ist in diesem Zusammenhang zu sagen, daß sich alle Körperdüfte mit der Zeit zersetzen, eine andere Duftausstrahlung bekommen und intensiver werden. Einige Frauen teilten mir allerdings mit, daß ein kurzweiliger Verzicht (zwei bis drei Tage) auf Reinigung des Intimbereichs zunächst zu einer »Verschärfung«, ein längerer hingegen zu einer »Normalisierung der Gerüche« geführt habe.

Kommen wir aber von den wissenschaftlichen zu den unverblümten und geneigten Geruchsmitteilungen zurück, die ja weniger von Duftdefinitionen als vielmehr vom Gefühl geleitet sind. So gibt es für einen 36jährigen Mann beispielsweise keinen schöneren Intimduft als den seiner Freundin. Er beschreibt sich in seinem sehr persönlich abgefaßten Brief als sexuell »völlig normal veranlagt«. Seiner Meinung nach funktioniert auch sein Geruchssinn normal, wobei ihm schon aufgefallen sei, daß er »viel häufiger an Dingen, wie etwa an Wurst oder Joghurt, riechen würde als andere Menschen«:

(...) Es hat immer wieder Frauen gegeben, die ich gerne oder weniger gerne riechen mochte, und damit meine ich jetzt den Intimbereich. Dunkelhaarige riechen nach meinen Erfahrungen anders als zum Beispiel Blonde. Eine meiner Freundinnen war Französin, hatte sehr viel Schamhaare und roch auch sehr intensiv, was mich anfangs nicht besonders störte.

Den allerschönsten Geruch hat aber meine jetzige Freundin, das war mir von Anfang an bewußt. Sie riecht dort einfach allerliebst, und, ehrlich gesagt,

stimuliert mich dieser Duft, sobald ich ihn wahr-
nehme. Ich muß auch zugeben, daß ich ab und zu an
ihrer Wäsche rieche, was eigentlich nicht meine Art
ist, und sofort muß ich bei ihr sein.
Ich mag natürlich auch ihre anderen Gerüche, aber
keiner hat diese anziehende Wirkung.
Ich erinnere mich auch noch gut an meine erste se-
xuelle Erfahrung mit einer etwas älteren Frau. Ich
hätte mir nie träumen lassen, wie Frauen wirklich
riechen. Diese vielen unbekannten Düfte. Oft habe
ich regelrecht von diesen Gerüchen geträumt. Sie
wirkten jedenfalls sehr nachhaltig auf mich.

Und für einen 68jährigen Mann sind die Intimgerüche
der Frauen Gerüche, die jeden Mann »mit Wucht in
ihren Bann ziehen«. Sein noch in altdeutscher Schrift
verfaßter Brief lautet:

Man denkt über solche Sachen im allgemeinen ja
nicht nach, aber sie scheinen doch eine Bedeutung
zu haben, zumindest wenn man einmal mit Ernst
darüber nachdenkt. Für mich haben Gerüche jeden-
falls immer eine Rolle gespielt und üble Gerüche al-
lemal.
Ich erinnere mich zum Beispiel an einen Urlaub mit
dem Fahrrad und dem Zelt. Wir waren eine Gruppe
junger Leute, und ich hatte schon lange ein Auge
auf eine Frau geworfen, die dann auch meine erste
Verlobte werden sollte. Ein erster Kontakt gelang
mir durch einen Plattfuß an ihrem Fahrrad, den ich
behob. Bei dieser Gelegenheit kam ich ihr auch das
erste Mal richtig nahe. Sie roch wunderbar nach
Wind und Frau, und am liebsten wäre ich in diesem
Moment nicht von ihrer Seite gewichen. Es sollte
noch Wochen dauern, bis ich sie endlich beim Tan-

zen in den Arm nehmen konnte, da gelang es mir
von neuem und noch viel intensiver, sie voll und
ganz in mich aufzusaugen. Dieser Geruch hat mich
irgendwie berauscht und das Gefühl zu ihr noch
verstärkt. Meine Phantasie hatte auch irgendwie
mehr Nahrung gefunden, und so begleiteten mich
diese Gerüche bis in meine Schlafkammer.
Beim ersten sexuellen Kontakt, zu dem es freilich
erst sehr viel später kam, konnte ich dann auch jene
Gerüche wahrnehmen, die wohl jeden Mann in den
Bann ziehen. Die Natur spricht in solchen Augen-
blicken ihre eigene Sprache. Diese Gerüche sind
wahrlich zur Begattung gedacht, sonst würden sie
sicher nicht mit solcher Wucht wirken. (...)

Die nachstehende kurze Mitteilung zu den intimen
Düften einer Frau, die er unter besonderen Umständen
kennengelernt hat, sandte ein 18jähriger Mann:

Ich habe in der Parfümerie eine Beraterin kennenge-
lernt, die mich eines Besseren belehrt hat. Wir pro-
bierten viele Parfüms aus, wobei wir auf den intime-
ren Duft zu sprechen kamen.
Ich lud sie zu mir ein, und sie stellte mir ihre inti-
men Parfüms vor. Ihre Gerüche faszinierten mich so
sehr, daß ich ein schönes Erlebnis hatte! Wir wur-
den ein Paar, sind aber heute getrennt.

Und ein Mann (keine weiteren Angaben zur Person),
der sich, wie er ausführt, »in den besten Jahren« wähnt
und »alles Lüsterne gerne betrachtet, was Frauen betrifft«, teilt zum Geruch der weiblichen Scham mit:

(...) Ich mag es, wenn Frauen die Schenkel spreizen!
Ich will alles von ihnen haben, auch den Geruch.

*Der versetzt mich in einen sexuellen Ausnahmezu-
stand, kann man fast sagen. Ich bin dann ganz wil-
lenlos und möchte am liebsten gar nicht mehr auf-
hören.*

*Kann schon sein, daß manche Frauen komisch rie-
chen, ist mir allerdings noch nie passiert. Ein wenig
Geruch stört mich auch nicht. Am besten ein bißchen
nach Urin.*

Auf den richtigen Geschlechtsgeruch scheint es auch
bei einer 21jährigen Frau anzukommen, die mir folgendes mitteilt:

*Ob man wirklich jemanden gut abkann, merkt man
am Geruch. Ich habe die Erfahrung gemacht, wenn
man einen Mann nicht richtig riechen kann, dann
stimmt etwas nicht, und das trifft für sein Geschlecht ganz besonders zu.*

*Ich könnte niemals mit einem Mann was haben,
wenn der schlecht riecht oder unsauber ist. Einmal
hatte ich einen Freund, der hatte einen tollen
Schweißgeruch und benutzte auch Aftershave. Mei-
netwegen hätte er darauf verzichten können. Sein
Geruch hat mich echt angemacht. Wenn wir Streit
hatten, dann brauchte der mich nur in seinen Arm
zu nehmen, und schon mußte ich nachgeben, weil
der mich sozusagen mit seinem Geruch einwickelte.
Auch sein Penis roch gut und steigerte noch meine
Lust. Ich hätte nie gedacht, daß einem dieser Geruch was bedeuten kann.*

Ähnlich ergeht es einem 32jährigen Mann:

*Ich habe einmal in einem Roman gelesen, daß ein
Mann völlig berauscht vom Intimbereich einer Frau*

war, und hielt das immer für übertrieben. Doch eines Tages habe ich diese Erfahrung am eigenen Leibe gemacht.

Diese Frau hatte einen ganz besonderen Geruch, so daß ich richtig süchtig nach ihrem Geschlecht war. Sie konnte das überhaupt nicht verstehen. Ich sehnte mich förmlich danach, an ihr zu riechen, und meine Lust war dann nicht mehr zu bremsen. Leider war sie verheiratet, und wir mußten die Beziehung beenden.

Ich könnte diesen Geruch niemals beschreiben, aber ich bin sicher, daß ich ihn immer wiedererkennen könnte.

Für eine 24jährige Frau ist der Intimgeruch sogar der wichtigste Körpergeruch, wobei die Gerüche des Partners von dieser Schreiberin wohl insgesamt als außerordentliche Botenstoffe verstanden werden, denn sie teilt mir mit:

(...) Von allen Gerüchen scheint mir der Intimgeruch der wichtigste, weil er eine innige Nähe herzustellen weiß. Ich spüre dann, ob man zusammengehört, ob es klappt oder nicht.

Mir scheint, daß Männer auch sehr verschieden riechen. Dies ist sicher vom Alter abhängig. Ich hatte zum Beispiel eine Liebesgeschichte mit einem bald Fünfzigjährigen, und der roch ganz anders als mein damaliger Freund. Ein bißchen muffig und säuerlich. (...)

Ich könnte mir nie vorstellen, mit einem Mann intim zu werden, den ich nicht riechen mag. Auf der anderen Seite kann ich mir durchaus vorstellen, durch einen Duft eingefangen zu werden, was mir auch schon passiert ist. Dieser Mann roch irgendwie

tierisch gut, das war mir sofort aufgefallen. Wir sa-
ßen bei einem Essen nebeneinander, und ich habe
dann ständig versucht, ihm näher zu kommen. Spä-
ter konnte ich feststellen, daß er überall schön roch.
Sein Achselgeruch gab Geborgenheit, und sein Pe-
nisgeruch war wie Balsam und hat meine Lust noch
gesteigert. Als wir nichts mehr miteinander hatten,
mußte ich noch lange an seinen Geruch denken. Ein
T-Shirt, das er bei mir liegengelassen hatte, diente
mir als Erinnerung.
Ohne Gerüche wäre vieles leer, glaube ich. Be-
stimmte Wohnungen, Plätze und Gegenstände erin-
nern mich oft an anderes.

Für manche Menschen ist offenbar ein ganz spezieller
intimer Duft, das heißt eine ganz unverwechselbare
Duftausstrahlung, von Bedeutung. Der Intimduft wird
sogar als etwas Unverwechselbares wahrgenommen,
der wiedererkannt werden kann. Wie bereits erwähnt,
findet sich in jedem Körpersekret eine individuelle
Note, die nach Auskunft einiger Personen erschnüffelt
werden kann. Dementsprechend geben 12,5 % der von
mir Befragten an, ihre Partnerin am Vaginalgeruch
und 10,4 % ihren Partner am Penisgeruch wiedererkennen zu können.[13]
   Diese außerordentliche Geruchsfähigkeit steht sicher in Verbindung mit der Aufmerksamkeit, die man
dem Geruch ganz allgemein oder einzelnen Gerüchen
widmet. Von Parfümeuren weiß man etwa, daß sie
feinste Veränderungen in einer Parfümzusammenset-
zung wahrnehmen können, und von wirklichen Wein-
kennern ist bekannt, daß sie mit Hilfe ihres Geruchs-
und Geschmackssinns sogar in der Lage sind, den An-
bauort eines Weines abzuleiten.

Nicht zu verkennen ist aber auch die Leistungsfähigkeit einer normalen Nase, die ja einen einzigen Tropfen Parfüm in einem mehrstöckigen Haus ausmachen kann. Was menschliche Düfte betrifft, so konnten immerhin bei einem Geruchstest ein Drittel der Untersuchungsteilnehmer unterscheiden, welche Hemden von Männern und welche von Frauen getragen wurden. Annähernd ebenso viele Testteilnehmer waren in der Lage, ihr eigenes Hemd oder das ihres Partners aus einem Haufen getragener Baumwollhemdchen herauszuriechen. In diesen Geruchstestreihen schnitten Frauen etwas besser ab als Männer.[14]

Dies mag einerseits an dem »aufmerksameren« Umgang der Frauen mit Gerüchen liegen,[15] da sie mehr auf Düfte achten, zum Beispiel beim Kochen und im Haushalt; andererseits kann aber auch die größere Bereitschaft der Frauen, Gefühle zuzulassen, eine gewisse Rolle spielen. Gefühl und Geruch sind ja innigst miteinander verbunden, wie wir wissen, und so kann es durchaus möglich sein, daß Frauen sich nicht nur mehr Emotionen erlauben als Männer, sondern daß sie sich auch eher auf gefühlsmäßige Geruchsreaktionen einlassen.

Zudem scheinen Frauen für die geruchliche Identifizierung von Menschen prädestiniert zu sein, zumindest hat man dies in bezug auf das Verwandtschaftsverhältnis bzw. den Verwandtschaftsgeruch festgestellt. So erkennen nicht nur Mütter ihre eigenen Kinder besser am Geruch als Väter, sondern Großmütter und Tanten identifizieren ihre Enkelkinder sowie Neffen oder Nichten treffsicherer als Großväter und Onkel.[16] Auch diese Prädestinierung kann im übrigen mit der stärkeren Emotionalität der Frauen zusammenhängen.

Aber ganz abgesehen von dieser spezifischen Geruchsfähigkeit, die bei Frauen ausgeprägter zu sein scheint, ist es offensichtlich von großer Bedeutung, welche Duftausstrahlung ein Körpergeruch besitzt, um gemocht oder als sexuell attraktiv empfunden zu werden. Es ist das gewisse Etwas, das hier zum Tragen kommt und das sich nach individuellen Geschmackskriterien richtet. Eine Intimduftnote mag für den einen besonders anziehend und für einen anderen bedeutungslos oder »abschreckend« sein. In jedem Fall sind für die Akzeptanz intimer Düfte grundsätzlich individuelle Kriterien entscheidend, wie die folgenden Mitteilungen noch einmal verdeutlichen. Dabei kann es um winzige Nuancen, Geruchsspuren und Befindlichkeiten des einzelnen gehen, aber auch darum, wie man den eigenen Gerüchen gegenübersteht.

Es kommt immer darauf an

Ein homosexueller 30jähriger Mann, für den beispielsweise Körpergerüche und auch der Intimgeruch mit
wachsender Vertrautheit immer mehr an Bedeutung
gewinnen, schreibt mir:

> *Ich möchte ganz allgemein sagen, daß bei wachsen-*
> *der Vertrautheit die äußeren »Gerüche«, wie Deos*
> *etc., immer weniger eine Rolle spielen, und ich ent-*
> *decke den körpereigenen Geruch des Partners als*
> *viel stimulierender und faszinierender. In diesem*
> *Sinne ist auch der körpereigene Intimgeruch meines*
> *Partners sowie mein eigener bei »normaler« Reini-*
> *gung äußerst angenehm und erotisch.*
> *Am besten und eindeutigsten merke ich, ob ich ei-*
> *nen Menschen »riechen« kann, wenn nach durch-*
> *schnittlicher Reinigung ohne nachherige andere*
> *überlagernde Düfte der Eigengeruch des anderen*
> *allmählich durchkommt. (...)*

Auch für den folgenden 29jährigen Mann spielt der
vertraute Umgang mit der Partnerin eine entscheidende Rolle, wenn es um Gerüche geht. Intime Düfte und
deren Beurteilung bringt er u.a. in Zusammenhang mit
der Erziehung und den bisherigen Erfahrungen mit ihnen. Er berichtet:

> *Ich kann mich erinnern, daß ich damals eine starke*
> *Abneigung gegen den Geruch von Kot und meinen*
> *eigenen Aftergeruch hatte. Das lag vielleicht daran,*
> *daß in meinem Elternhaus nach Benutzung der Toi-*

lette oft gesagt wurde: »Puh, das stinkt aber ...«
Mit den Jahren aber und wohl auch durch Sammeln
und Erleben von sexuellen Erfahrungen reagiere ich
auf den Geruch von Kot (Toiletten) eher neutral.
Meinen eigenen Aftergeruch akzeptiere ich mittlerweile. Mag ihn sogar, allerdings erregt er mich
nicht. Auch alle Körpergerüche meiner Partnerin
sind für mich normal; das hat sicherlich auch ganz
stark mit Sympathie zu tun – manch andere Menschen kann ich nicht riechen.

Als ich das erste Mal mit meiner Freundin geschlafen habe und ihren Vaginalgeruch wahrgenommen
habe, war ich sehr irritiert. Es roch sehr stark und
erinnerte mich auch stark an den Geruch von
Schweiß. Vielleicht lag es speziell an dieser Frau
oder an meiner Unerfahrenheit.

In meiner letzten Beziehung roch die Vagina und
auch der Körper meiner Partnerin stark nach einer
besonderen Sorte von Haschisch. Da ich selbst gerne Hasch rauche, ist mir dies besonders aufgefallen
und hat mich nie gestört, im Gegenteil. Der Geruch
hat sich jedoch im Laufe der Jahre geändert. Vielleicht liegt es an den geänderten Eßgewohnheiten
oder an der Einnahme der Pille?

Angeregt durch das Nachdenken über Gerüche,
stelle ich fest, daß der Körper- und der Intimgeruch meiner Partnerin (auch der vergangenen),
mir immer gefallen hat, obwohl die Duftnoten
mitunter sehr unterschiedlich waren. Es ist nicht
der Duft alleine, sondern auch die Liebe zum
Partner, das Akzeptieren seiner Gewohnheiten
und das Assoziieren der Gerüche mit bestimmten
Situationen und Erlebnissen. Jüngstes Beispiel ist
ein Mittel zur Bekämpfung von Kopfläusen. Seit-

*dem meine jetzige Partnerin Läuse aus dem Urlaub
mitgebracht hat und wir beide vor kurzem dieses
Mittel angewandt haben, nehme ich seit einigen
Tagen in ihrem oder meinem Haar noch einen
Hauch davon wahr und fühle mich, auch wenn
wir nicht beisammen sind, ihr ganz nah und denke
mit einem seligen Lächeln an sie und unser (auch
intimes) Zusammensein. Ich komme zu dem
Schluß, daß Gerüche und Psyche eng miteinander
verknüpft sind.*

Welche große Gewichtung dem Vertrauen zukommt,
wenn es um die Wahrnehmung von intimen Gerüchen
geht, sehen wir beispielhaft auch an der folgenden Beschreibung einer 29jährigen Frau. Gleichzeitig wird
der Lustgewinn deutlich, den diese Schreiberin aus den
wahrgenommenen intimen Düften ihrer Partnerin
schöpft:

*Ich rieche gerne – überall, am ganzen Körper mei-
ner Partnerin! Rieche Stück für Stück – Zentimeter
für Zentimeter und beobachte meine Partnerin,
während ich rieche und schmecke und lecke, und
sie, sie windet sich – leicht scheu, sehr erregt, und
im sogenannten »Intimbereich« »sträubt« sie sich
zuerst, weil sie Angst hat, daß ich denken könnte,
sie »stinkt« (...), und ich versichere ihr, daß sie nicht
»stinkt« (...), sondern duftet, und meine Lust
wächst und steigt, und bald hängen unser beider
Düfte süßlich vermischt im Raum, und ich rieche
immer wieder und wieder an ihr und in ihr, und unsere Lust wächst und läßt nicht nach!! Ich liebe
Frauen – mit Haut und Poren.*

Daß Frauen ihren Intimgerüchen gegenüber sehr verunsichert sein können,[17] zeigt ebenso die Mitteilung einer 24jährigen Frau:

Trotz einer länger währenden (Jahre) und innigen Beziehung zu meinem Freund bin ich, was die Körpergerüche angeht, voller Hemmungen. Nicht so sehr wegen des Schweißgeruchs als vielmehr wegen meines Intimgeruchs, der mir unangenehm ist. Das hat zur Folge, daß ich, obwohl es mich sehr erregt, es nicht genießen kann, wenn mein Partner mich im Vaginalbereich küßt. Auch durch seine Beteuerungen, denn er sagt, er liebe meinen Intimgeruch und sei gleichermaßen erregt, wenn er mich dort küssen dürfte, hat sich noch nichts an meinem unangenehmen Gefühl geändert.

Diese Bespiele machen deutlich, daß die Unsicherheit dieser Frauen gegenüber ihrem Geschlechtsgeruch ganz unabhängig von der Qualität des Geruchs ist. Es ist vielmehr die Angst, überhaupt Duft im Intimbereich zu produzieren und diese Produktion nicht kontrollieren zu können. Intimgerüche werden als »Übelgerüche« verstanden, ein verlockender Duftcharakter wird gar nicht in Erwägung gezogen, und folglich werden Beteuerungen, daß nämlich der Intimbereich angenehm oder gar anziehend duftet, nicht geglaubt.

Aber Gerüche oder Duftbestandteile haben ihre eigenen Gesetze, so daß sie nicht fragen, weshalb sie gemocht werden. Sie können durchaus für sich genommen, in einer gewissen Konzentration oder unter bestimmten Umständen wahrgenommen, einen »üblen Duftcharakter besitzen«. So ließ etwa Carsten Höller bei einem Vortrag einige menschliche Duftbestandteile auf einer Herdplatte verdunsten, unter anderen auch einige Fettsäuren, wie sie im Vaginalbereich bei Frauen

Abb. 11: Indische Frauen hüllen sich durch Jasmingirlanden
in einen zarten Duftschleier.

vorkommen. Natürlich stöhnte die Zuhörerschaft alsbald auf und hielt sich die Nase zu, wer riecht zum Beispiel gerne Buttersäure.[18] Aber was sagt diese Geruchsreaktion schon über einen Duft aus oder über seine Wirkungsweise als Bestandteil in einem Duftgemisch?

Selbst viele wertvolle Parfümsubstanzen stinken in konzentrierter Form abscheulich. Zibet (Sekret aus der Afterdüse der Zibetkatze) erinnert beispielsweise geruchlich an Schweiß und Katzenharn, im wesentlichen riecht es aber nach Fäkalien und besitzt eine süßliche Note. Wird es jedoch verdünnt in Parfümen eingesetzt, so verleiht es ihnen nicht nur einen nußartigen erotischen Duft, sondern auch eine hohe Strahlkraft. Selbst Blütendüfte, wie Jasmin oder Flieder, die übrigens auch eine Fäkalnote besitzen und nicht zuletzt wegen dieser erotisierenden Note gerne in Parfümen eingesetzt werden, wirken als reine Essenzen penetrant und unangenehm.

Die Einbettung der Duftbestandteile, ihre Konzentration und ihr Verhältnis zu den übrigen Duftanteilen des Intimbereichs, ist ganz entscheidend. Auch ist wichtig, unter welchen Voraussetzungen der Geruch wahrgenommen wird, in welchem Zustand man sich befindet und ob man für den Duft empfänglich ist. Jeder Geruch hat seine Quelle, seinen Ort und seinen Zeitpunkt. Pfefferminzgeruch am Genital kann zum Beispiel hochgradig irritierend sein, weil er dort einfach nicht hingehört.

Am Genital erwartet man ganz bestimmte Gerüche, wie an jedem anderen Körperteil auch, sie müssen einem quasi liegen und dürfen zumeist eine gewisse »Duftschärfe« nicht überschreiten. Eigengeruch ist durchaus erwünscht,[19] er muß sich lediglich in einem

Toleranzbereich bewegen. Es gibt aber auch Menschen, die einzelne intime Düfte sehr attraktiv finden, egal wie intensiv sie sind. Ein 37jähriger Mann schildert sein Verhältnis zum männlichen Genitalduft:

Als Schnuller[20] habe ich nun öfter verschiedene Kerle. Es gibt da Typen, die kann man »besser riechen« und andere wiederum nicht. Bei einigen Kerlen ist es echt geil, wenn die in der Unterhose richtig toll stinken – bei anderen wiederum ist es eher abstoßend! Es kommt immer ganz darauf an. Im Prinzip mag ich frisch gewaschene Kerle lieber, aber ein Schwanz, der nach »Fisch« stinkt, kann auch ganz super sein!!

Und ein 49jähriger Mann liefert folgende Zeilen:

Ich mag es, wenn Frauen ein ganz klein wenig nach Urin duften. Ich finde, das hat was und ist irgendwie erotisch. Generell finde ich den Frauenintimduft anregend, auch was meine Phantasie betrifft. Ich habe es allerdings auch schon einmal erlebt, daß mir der Geruch bei einer Freundin nicht zusagte. Das hat sich dann auf meine Lust ausgewirkt, besonders aber die Freude am Mundverkehr genommen.

Weiblicher Urin riecht anders als männlicher. Auch ist der Duft stark von der Ernährung, vom Gesundheitszustand und vom Hormonhaushalt abhängig. Deshalb würde es mich nicht wundern, wenn bestimmte Geruchsbestandteile eine gewisse »Signalwirkung« besitzen, wie dies im Tierreich der Fall ist.[21] Einzelne Geruchssubstanzen, etwa die, die von Hormonderivaten stammen, finden sich beispielsweise sowohl im Achselsekret als auch im Urin, sind bei Männern stärker vertreten als bei Frauen und fungieren bei anderen Säugetieren als Sexualduftstoffe (Pheromone).

Ein anderer anregender Geschlechtsduft scheint der Spermageruch zu sein. Dazu läßt uns etwa eine 29jährige Frau wissen:

(…) An ein spezielles Erlebnis kann ich mich nicht erinnern. In den letzten Jahren hatte ich mit Gerüchen, speziell Körpergerüchen, nicht viel im Sinn, d.h. ich habe sie höchstens dann wahrgenommen, wenn sie für mich unangenehm waren. Außer dem Geruch eines Babys oder dem Geruch meines Partners am Hals sowie an den Ohren sind mir Körpergerüche nicht als angenehm aufgefallen.
In Verbindung mit Sexualität kann ich mich nur an meine ersten sexuellen Kontakte erinnern, bei denen der Spermageruch nach dem Geschlechtsverkehr mir stark aufgefallen ist und mich auch irgendwie betört hat. Er war für mich gleichbedeutend mit Einssein, Hingabe und Annehmen.
Ich konnte mich auch nach diesen Erlebnissen an den Geruch erinnern und mich in die erotische Stimmung versetzen. Leider ist mir dieser Feinsinn in den letzten Jahren etwas abhanden gekommen. Vielleicht rieche ich auch nicht mehr so gut.

Eine bisexuelle 22jährige, die generell von Körpergerüchen stimuliert werden kann, schickte folgenden Brief:

Nachdem ich mich von einem Partner, mit dem ich sehr lange zusammen gewesen war, getrennt hatte, war beim ersten Wiedertreffen das unmittelbare Riechen des Geruchs der schmerzlichste Moment.

Ich hatte mich eigentlich sehr souverän gefühlt und vor allem nie erwartet, daß außer dem Schmerz ein heftiges erotisches Verlangen wieder in mir aufsteigen könnte. Dies geschah unmittelbar mit dem Einsaugen des Geruchs und war nicht nur gefühlsmäßig, sondern eine vollständige genitale Erektion.

Ich finde, daß Sperma und frisch gemähtes Heu, das einen Nachmittag in der Sonne gelegen hat, ähnlich riechen. Deswegen erregt mich Heugeruch auch oder regt meine Phantasie an.

Geruch ist für mich nicht nur indirekt stimulierend, das heißt, weil er mich zum Beispiel an meinen Partner oder besondere Momente erinnert, sondern für sich genommen eine sexuelle Stimulanz. Deshalb ist er ein einfaches Einstiegsmittel in die Masturbation. Zum einen ist es mir möglich, über die Vorstellung eines Geruchs (des Gesichts-, Kopf,- Nacken-, Spermageruchs) in erregte Stimmung zu kommen. Ebenso, wenn ich mich nach jemandem sehne und nichts habe, was direkt riecht, versuche ich, den Körper- und Intimgeruch wieder in meiner Erinnerungsnase einzufangen. Zum anderen sind meine eigenen intimen Gerüche ein gutes Masturbationsmittel.

Allgemein habe ich bemerkt, wie wesentlich Geruch und Riechen für meine Kommunikation, Interaktion und Wahrnehmung von Menschen sind. So ist das »Schnuppern« am anderen (Einsaugen des Luftzugs um eine sich bewegende Person, Riechen der warmen Körperausdünstungen), oft ohne daß ich es will, das erste, was ich tue, wenn ich jemanden kennenlerne. Dies wird mir vor allem dann bewußt, wenn derjenige nicht angenehm für mich riecht.

Bei Menschen, die ich sehr gut kenne, meine ich riechen zu können, wie es ihnen geht. Bei einem Part-

Abb. 12: Duftorgel.

ner, mit dem ich lange zusammen war, konnte ich
zum Beispiel »riechen«, ob er Kopfweh oder eine
Erkältung hatte oder sich unwohl fühlte. Erkältun-
gen riecht man wie Magenbeschwerden am Atem
der Leute. (...)

Die hier erwähnte Geruchsähnlichkeit zwischen Heu
und Sperma fand ich in der vorliegenden Literatur bestätigt. Heuduft und Blütendüfte, die geruchlich in
diese Richtung gehen, sollen »auf manche Personen
eine sexuell erregende Wirkung ausüben« und »bei
vielen den Spermageruchseindruck hervorrufen«.[22]
Zudem wird diesem Geruch nachgesagt, daß er »fast
immer wollüstige Empfindungen erregen oder meh-
ren« würde.[23] Nicht zuletzt wurde er auch als Duftassoziation herangezogen, um die sexuelle Geruchssti-
mulation durch ein männliches Kleidungsstück zu
beschreiben.[24]
Der Spermageruch wird üblicherweise jedoch mit
dem Geruch der Blüten und Früchte von Kastanien sowie von Walnüssen verglichen. Darüber hinaus setzt
man ihn auch mit dem Geruch der Berberitzenblüte
(Sauerdorn) und des Kadaverin (Bakterien-Wuchs-
stoff) gleich.[25]
Wie wir sehen, können entsprechende Duftähnlich-
keiten des Spermageruchs in der Natur gefunden werden, wie dies ja ebenso bei anderen Gerüchen des
Körpers möglich ist. Folglich können umgekehrt Naturgerüche durchaus eine Assoziation hinsichtlich der
Intimgerüche bewirken oder gar eine innige beziehungsweise sexuelle Vorstellung wecken.
Neben dem Hinweis auf die Geruchsähnlichkeit von
frischem Heu und Sperma enthält der Brief noch die
weitere interessante Information, daß sich nämlich

Abb. 13: Parfümeur riecht und schult seine Nase
an Riechstreifen.

diese 22jährige Frau Gerüche sinnlich vorstellen kann.[26] Durch Beschreibungen von Düften kennt jeder ein wenig diese Möglichkeit, wenngleich die »plastische Fühlbarkeit«, wie sie hier offenbar existiert, nicht jedem gegeben zu sein scheint. Allein durch die Vorstellungskraft gelangen die Düfte sozusagen »in die Nase« und lösen Empfindungen aus, wie sie normalerweise nur beim tatsächlichen Einatmen von Gerüchen möglich sind. Von einer ähnlichen Fähigkeit berichtet auch eine 44jährige Frau:

> *Wenn ich sehr intensiv an jemanden denke, kann es sein, daß ich plötzlich dessen Geruch in der Nase habe.*

Sich Sinneserfahrungen nur durch die Vorstellungskraft »fühlbar« zu vergegenwärtigen ist tatsächlich möglich: Ludwig van Beethoven war bereits fünf Jahre völlig taub, als er die Neunte Symphonie komponierte. Er war auf keinen Flügel angewiesen, um die Tonfolgen zu überprüfen, noch war es für ihn notwendig, das Orchester und den Schlußchor zu Schillers *Ode an die Freude* zu hören. Beethoven fühlte seine Musik und spürte, daß sein Werk richtig klang.

Parfümeure komponieren Riechwässerchen ähnlich wie Beethoven seine Neunte. Gute »Nasen«, wie die Elite der Parfümeure genannt wird, stellen sich die zukünftigen Parfümdüfte vor, bevor sie sie handschriftlich zu Papier bringen, erst danach geht die Rezeptur zum Anmischen in das Labor. Gerüche lösen also nicht nur Erinnerungen aus, sondern die Phantasie kann auch bekannte Düfte fühlbar machen und Geruchsvorstellungen hervorbringen.

IV. Kapitel

KÖRPERPFLEGE

Körpergerüche, das sind Gerüche, die vom Körper ausgehen und die genau genommen nicht sein dürfen. Ist nämlich von ihnen die Rede, dann werden damit automatisch üble Gerüche in Verbindung gebracht. Man denkt an schlechten Atem, an unangenehmen Schweißgeruch, an stinkende Füße oder an den fischelnden Menstruationsgeruch. Heute billigt man derartige Düfte keinem Menschen mehr zu, weil Geruch am Menschen für andere nicht nur eine Zumutung darstellt, sondern weil er vermeidbar ist.

Körpergerüche werden vielmehr den »Wilden« oder Menschen aus dem 17. und 18. Jahrhundert unterstellt. In diesen Jahrhunderten waren nämlich Wasser und Seife verpönt und anstelle dessen wurden reichlich Puder und Parfüm verwendet.[1] »Die Menschen stanken nach Schweiß und nach ungewaschenen Kleidern; aus ihrem Mund stanken sie nach verrotteten Zähnen, aus ihren Mägen nach Zwiebelsaft und an den Körpern, wenn sie nicht mehr ganz jung waren, nach altem Käse und nach saurer Milch und nach Geschwulstkrankheiten. (...) Der Bauer stank wie der Priester, der Handwerksgeselle wie die Meistersfrau, es stank der gesamte Adel, ja sogar der König stank, wie ein Raubtier stank er, und die Königin wie eine alte Ziege, sommers wie winters.« So jedenfalls beschreibt es Patrick Süskind in seinem vortrefflichen Roman *Das Parfum*.[2]

Ob es wirklich so gewesen war, wissen wir nicht, wir vermuten es nur in Anbetracht der damaligen Hygieneverhältnisse und der mangelhaften ärztlichen Versorgung. Süskind, der seinen Helden 1738 das Licht der Welt erblicken läßt, folgert deshalb, daß jeder Mensch gestunken hat, ganz gleichgültig, ob Pöbel oder König.

Es ist allerdings davon auszugehen, daß der Bauer keineswegs wie der König stank. Der Bauer war nämlich den ganzen Tag an der frischen Luft, und der König benutzte schließlich der Mode entsprechend Parfüm, was sich ein armer Bauer niemals hätte leisten können. Vielleicht hatte Süskind bei seiner königlichen Duftassoziation weniger den amtierenden König im Auge als vielmehr den, der jedermann vorschwebt, wenn es um mangelnde Hygiene und sagenhafte Gerüche anderer Jahrhunderte geht, den Sonnenkönig.

Als abschreckendes Hygienebeispiel wird Ludwig XIV., der von 1638 bis 1715 lebte, immer wieder gern herangezogen, auch die Abortzustände in seiner Residenz. Nicht nur soll der König üblen Körpergeruch ausgestrahlt, sondern er und sein Hofstaat sollen auch unbekümmert in jeder Ecke von Versailles ihr »kleines und großes Geschäft« erledigt haben. Ludwig XIV. ist nun leider ein eher schlechtes Beispiel für die *normalen* Gerüche jener Zeit, denn der Sonnenkönig ging sehr wohl auf die Toilette, und des Königs legendäre Körpergerüche waren wohl weniger eine Folge der mangelhaften Reinlichkeit, als vielmehr auf die Quacksalberei seines Leibarztes zurückzuführen. Die brachte ihm nämlich nicht nur einen widerlichen Mundgeruch, sondern auch ständige Blähungen ein.[3]

Die Körpergerüche der damaligen Menschen, mögen sie nun königlichen oder »gewöhnlichen« Körpern entströmt sein, sind in unserer Vorstellung schon deshalb nicht wohlriechend, weil man ihnen nicht, wie heutzutage üblich, mit einer täglichen Dusche, Pfefferminzbonbon, Deoroller, Fußbalsam und teuren Parfüms begegnete. Der »kultivierte« Mensch empfindet all diese künstlichen Körpergerüche als wesentlich angenehmer als jene, die natürlichen Ursprungs sind. Dabei geht es einerseits gar nicht einmal um den tatsächlichen Körpergeruch, der ja ab einem gewissen Grad durchaus »raubtierhaft« sein kann, sondern allein um die Vorstellung, daß Geruch auftreten könnte.

Andererseits geht es um die Akzeptanz von künstlichen Gerüchen am Körper, die dort eigentlich nichts zu suchen haben. Um Pfefferminzgeruch aus dem Mund, um Rosmarinduft an den Füßen, um herbfrische Düfte der Achsel und warmsüße Gerüche des Kopfes usw. All diese Düfte irritieren uns zumeist nicht mehr, weil sie zum normalen Standardgeruch eines »zivilisierten« Menschen gehören. Aber sind sie wirklich annehmbarer als die natürlichen Düfte des Körpers? Ein 68jähriger ehemaliger Bauer machte mit den »schönen Düften« beispielsweise folgende Erfahrungen:

Ich erinnere aus meiner aktiven Landwirtschaftszeit, wenn einmal in vier Wochen der Buchprüfer einige Stunden im Wohnzimmer gearbeitet und seine teuren künstlichen Düfte in selbiges verströmt hatte, wurde hinterher kräftig gelüftet.

Der sogenannte wohlriechende Duft wirkt in Bauernhäusern wie ein Fremdkörper. Ich glaube, der landwirtschaftlich orientierte Mensch wird auch im intimen Bereich sehr selten mit sogenannten »Wohlgerüchen« umgehen. (...)

Und er gibt den Ratschlag: »gewohnte Seife – sauber – und gut!«

Gerüche haben ganz offensichtlich ihren Ort. Selbst westliche Menschen am Ende des 20. Jahrhunderts sind unter bestimmten Umständen von den »zivilisierten Düften« nicht immer angetan. Stimmen werden immer lauter, die sich gegen eine überparfümierte Gesellschaft zur Wehr setzen. Die schönen Düfte werden manchen im Theater, Restaurant oder Büro zum lästigen Ärgernis. Im Fernsehen berichteten unlängst sogar zwei Düsseldorfer, die an einem mehrtägigen Survivalurlaub in freier »Wildbahn« teilgenommen hatten, daß sie die Düfte der Körperpflegemittel bei der Rückkehr in ihren Alltag als sehr aufdringlich empfunden hätten und sich erst wieder an sie gewöhnen mußten.

Aufschlußreich sind in diesem Zusammenhang auch die Geruchserfahrungen zweier Studentinnen, die sie auf ihrer mehrwöchigen Reise in Asien machten. Sie berichteten mir folgendes:[4]

Menschen und Tiere, von der Ratte bis zur Kuh, schliefen in New Delhi im Dreck und Gestank auf der kalten Straße ..., für das europäisch geschulte Auge ein einziges Dreckloch. Aber die Gerüche stinken eben nicht nur, sie sind eben anders und zum Teil sehr angenehm. Es riecht nach Gewürzen, Früchten, Tee, Essen usw., und die Scheiße ist irgendwie nicht zu riechen! (...) Das einzige, was penetrant stinkt, sind Auto- und Motorabgase. (...) Von Indien fuhren wir nach Nepal, wo wir uns während einer zweiwöchigen Trekkingtour acht Tage nicht duschen konnten. (...) Ich fühlte mich gar nicht so stinkig oder unwohl, obwohl ich viel schwitze. (...) Am Ende der Tour bemerkte ich dann doch einen immer intensiveren Geruch, den ich als

Abb. 14: »Ich wasche meine Pussy immer mit parfümierter
Seife.« Zweideutige Aussage auf einer erotischen Postkarte
(um 1902).

zunehmend unangenehm empfand, so daß ich froh war, mich endlich wieder waschen zu können!

Auch wenn ich meinen andersartigen Geruch an mir selbst akzeptierte, so hätte ich doch keinen sexuellen Kontakt mit einer anderen Person haben wollen, da ich mich unsicher gefühlt und auch den Geruch des anderen vielleicht gar nicht ertragen hätte!? (...) Von Nepal ging es nach Sri Lanka, wo ich und auch die meisten anderen permanent schwitzten und die Klamotten einem ständig am Leibe klebten. Mit der Zeit stellte ich fest, daß sich mein Schweißgeruch veränderte und nicht mehr so intensiv wie vorher roch, was wohl mit der ständigen Ausdünstung bzw. »Lüftung« zu tun hatte. (...) Ich empfand meinen Schweißgeruch als angenehm, zumal alle anderen schwitzten und ich mich nicht unwohl oder unsicher zu fühlen brauchte. Auch der Schweißgeruch der anderen veränderte sich nach und nach und roch nicht mehr so stark wie vorher – eher angenehmer.

In der ersten Zeit, in der man in Indien ist, nimmt man noch jeden einzelnen Duft bzw. Geruch bewußt wahr, und man trennt noch zwischen angenehmem Duft und ekelerregendem Geruch. (...) Doch das ändert sich nach ca. einer Woche. Man fängt an, wie selbstverständlich durch die Straßen zu gehen. (...) Man ekelt sich nicht mehr vor den Urinpfützen oder vor »braunen Häufchen«. (...)

Extrem wird das veränderte Geruchsempfinden dann jedoch zu Hause. Es beginnt schon auf dem heimatlichen Flughafen, daß einem die vielfältigen Gerüche fehlen. Man vermißt regelrecht das »Beißende« in der Nase. Man ist extrem sensibilisiert (...), so daß man den vorgegaukelten, natürlichen Duft von Shampoo, Seife oder Waschmittel als et-

was Chemisches und »Beißendes« empfindet. Der
»zarte« Nivea-Duft und die »Frühlingsfrische« von
Perwoll wirken aufgesetzt und »stinkend«. Eine to-
tale Umkehrung des Geruchsempfindens findet
statt! Interessant ist, daß man länger braucht, ca.
zwei bis drei Wochen, bis man sich wieder an hiesi-
ge »Duftnormen« gewöhnt hat. Die Gewöhnung an
die Exkrementgerüche in Indien vollzieht sich we-
sentlich rascher.[5]

Offenkundig muß man sich an die einen Gerüche
ebenso gewöhnen wie an die anderen. Dabei ist es gar
nicht entscheidend, welche Gerüche angenehmer oder
unangenehmer sind. Entscheidend scheint vielmehr,
was wir als normal (natürlich) empfinden. Bedeutend
sind ebenso die Gerüche des einzelnen im Verhältnis
zur Gruppe. Erst das Wissen, daß alle anderen ebenso
riechen und eine ähnliche Körperhygiene einhalten,
läßt bei dem einzelnen ein Wohlgefühl zu. Die Furcht,
mit seinen Gerüchen aufzufallen, trägt meines Erachtens entscheidend zur Einhaltung gewisser Hygiene-
standards bei, auch zur Verwendung von Deodoran-
tien.

Ich vermute sogar, daß einem der eigene Geruch erst
durch die Imagination, daß er anderen lästig sein
könnte, lästig wird. Zudem scheint die Toleranz gegenüber fremden Körpergerüchen stark mit der Ein-
stellung gegenüber den eigenen Gerüchen einherzuge-
hen.

Wenn wir andere Jahrhunderte als stinkend bezeichnen und uns vorstellen, daß alle gestunken haben müssen, dann hat das wohl in bestimmten Grenzen seine
Berechtigung, allerdings, und das ist ganz entscheidend, beurteilen wir dies mit einer europäischen Nase

des beginnenden 21. Jahrhunderts. Ich kann mir recht gut vorstellen, daß der Sonnenkönig oder irgendeiner seiner Untertanen zwischen einem normalen und einem Zuviel an Eigengeruch unterscheiden konnte; und ich kann mir auch vorstellen, daß jene Menschen ebensolche Schwierigkeiten mit unseren Gerüchen hätten wie wir mit den ihren. Alles ist eben eine Frage der Gerüche, an die wir gewöhnt sind.

Diese Gewöhnung betrifft auch die Erwartungshaltung, die wir Körpergerüchen gegenüber haben. Während wir beispielsweise einen relativ stark parfümierten Körper in der öffentlichen Sphäre recht gut akzeptieren, können ihn die meisten Menschen in der intimen Sphäre nur schwer ertragen. Gerüche, auch Körpergerüche, haben ihren Ort, und wenn es zur sexuellen Handlung kommt, sind bestimmte Duftnuancen von entscheidender Bedeutung, folglich auch die Hygiene. Für den einen gilt als oberstes Gebot die Reinlichkeit, ein anderer verlangt nach ungewaschenen Genitalien, und ein dritter ist von den Körpergerüchen hin- und hergerissen und weiß kein eindeutiges Geruchsurteil zu fällen. Die folgenden Mitteilungen zeigen diese unterschiedlichen Positionen. Sie zeigen aber auch, daß oftmals das Geruchsempfinden durch Hygienevorstellungen beeinflußt wird.

Mal so und mal so

Ein 29jähriger Mann schickte mir den folgenden
Brief:

*Ich habe immer wieder die Erfahrung gemacht und
mache sie auch immer wieder, daß ich körpereigene
Gerüche, auch meine eigenen, die ich oft nach langen Arbeitsphasen entwickle – ich komme in dem
Scheißstreß manchmal tatsächlich nicht zum Duschen oder Klamottenwechsel – als unangenehm
empfinde.*
*Nein. Ich finde sie eigentlich gar nicht unange-
nehm – ich rieche sie eigentlich sogar ganz gerne.
Wenn sich der Fußschweiß mit dem Geruch des Le-
ders mischt, wenn die gesunden Schuheinlagen einen
Hauch von Desinfektionsmitteln absondern und ich
gleichzeitig meine Achselhöhlen riechen kann.*
*Ich rieche es gerne, mich in all dem Streß – vielleicht
gerade wegen des Stresses, mich selbst zu befriedigen – mich nicht gleich von unten bis oben abzusei-
fen, sondern mir vielleicht nur die Hände mit kla-
rem Wasser zu waschen und zeitweilig – in den
Alltag zurückgekehrt – meine Hand zum Gesicht,
zur Nase zu führen, um die dezenten Überreste eines
wohlig warmen Intimgeruches wahrzunehmen, der
mir für andere Menschen – ihn nicht zu erriechen –
dezent genug erscheint.*
*Ich liebe es, in unbesehenen, unriechbaren – für an-
dere Menschen unriechbaren Momenten – zu furzen.
Wenn's keiner hört auch mit aller Inbrunst in die*

Welt geschleudert, durch die feinen Poren einer frischen Unterhose oder ganz bequem im Bette liegend.

Ich mag es, den täglichen und situativ bedingten Geruch mit der Bettdecke meiner Nase zuzuwedeln. Unangenehm wird mir dieses Potpourri von Gerüchen eigentlich erst dann, wenn mir jemand zu nahe kommt. Freunde seltener, in aller Regel jedoch meine Freundin. Doch eigentlich weiß ich, daß sie es anmacht, doch jedesmal denke ich, es könnte ja heute mal anders sein. Wie unangenehm, jetzt nimmt sie meinen Penis ...

Nein, es macht sie an. Ich fühle mich dennoch ertappt. Sie kann doch bestimmt riechen, daß es nach meinem Samen riecht? Sie kann es riechen. Plötzlich wird aus dem Geruch ein Gestank und mit dem Geschlechtsverkehr wieder ein Geruch, und der macht an, und es macht auch schon wieder an, ganz frisch geduscht zu sein und eigentlich gar nicht mehr nach mir zu riechen. Es ist die gleiche Lust, wie ein leeres Blatt Papier zu besudeln.

Eine Frau, die keine weiteren Angaben zu ihrer Person macht, bemerkt zu den Gerüchen vor und nach dem Geschlechtsverkehr:

Es ist mir aufgefallen, daß einige Männer direkt nach dem Geschlechtsverkehr das Bedürfnis verspüren zu duschen. Auch habe ich bei mir selbst beobachtet, daß mich »Intimgerüche« während des Geschlechtsverkehrs nicht stören, jedoch anschließend mir extremer bewußt wurden und eher unangenehm vorkamen. (Das hängt aber wahrscheinlich mit der Überlagerung anderer Sinne zusammen.)

Daß das Reinlichkeitsverhalten und auch das Geruchsempfinden stark von äußeren Bedingungen abhängig
sind, zeigt sich an den Zeilen einer 26jährigen Frau:

*Ich mag Körpergerüche nicht, und ich finde es uner-
träglich, wenn schweißige Typen in meiner Nähe
sind. Es gab einmal eine Situation in einem völlig
überfüllten Zug, und ein Mann in meinem Abteil
stank fürchterlich. Am liebsten hätte ich ihn rausge-
schmissen, aber ich mußte mich mit der Situation
abfinden. Nach einiger Zeit hab ich's dann nicht
mehr gerochen.*
*Wenn ich mit Männern ins Bett gehe, dann müssen
die auch sauber sein. Ich mag es zum Beispiel gern,
wenn jemand sehr gepflegt ist und ich das Gefühl
bekomme, daß er sich reinlich hält. Finde ich appe-
titlich.*
*Als ich jedoch einmal einen Mann kennenlernte und
wir auf einer Reise beide keine Gelegenheit hatten,
uns zu duschen, mußte ich wohl oder übel einige
Körpergerüche hinnehmen. Es war nicht direkt
unangenehm, aber die Vorstellung, daß ich eventuell
riechen könnte, hat mich schon gestört. Irgendwie
hat es mich dann auch fasziniert, mich und ihn so
richtig zu riechen, und irgendwie fand ich es gar
nicht übel. Vielleicht, weil wir beide genau wußten,
daß es keine andere Möglichkeit gab.*

Auch die Haltung einer 24jährigen Frau gegenüber
dem geschlechtlichen Hygieneverhalten und den intimen Düften ist gebrochen. Sie teilt mir mit, daß sie einen ausgesprochen feinen Geruchssinn besitze, was sie
immer wieder bemerke, weil andere weniger stark auf
Gerüche reagierten. Außerdem habe sie sich ange-
wöhnt, Gemüse und Obst vor dem Kauf zu beriechen,

um das Aroma festzustellen. Sie resümiert ihre sexuellen Geruchserfahrungen:

> *(...) Ich habe die Erfahrung gemacht, daß es in der Liebe immer darauf ankommt. Man kann nicht sagen, nur wenn der so riecht, dann läuft was. Natürlich hat man Vorstellungen, und Männer, die schlecht riechen, mit denen könnte ich auch nichts anfangen. Gott sei Dank hatte ich noch keine stinkenden Liebhaber. Bei mir ist das mal so und mal so. Zum Beispiel hatte ich mal einen Freund, der war fürchterlich penibel mit sich, und da hatte ich nie Angst, daß sein Penis schlecht riechen könnte. Zu jeder Tageszeit konnten wir miteinander was haben, immer roch er angenehm.*
>
> *Ein anderer Freund, der wechselte zwar täglich seine Unterwäsche, aber es kam schon mal vor, daß er roch. Das hat mich nicht wahnsinnig gestört und manchmal auch angemacht, besonders wenn ich große Lust hatte. Es war halt auch kein unangenehmer Geruch, sondern eher sein Geruch, der mir ja vertraut war.*
>
> *Wenn es ganz intim wird, dann gibt's bei mir eine Grenze, die könnte ich nicht überschreiten, oder vielleicht doch? Ich weiß es nicht.*

Ein sehr ambivalentes Verhältnis zu Körpergerüchen, allerdings in einem ganz anderen Sinne, hat auch folgende 27jährige Frau:

> *(...) Im Laufe der Jahre hatte ich manchmal Geruchserlebnisse – beispielsweise mit Typen –, die ich unter der Rubrik »Faszination des Ekels« abheften würde; etwas überspitzt ausgedrückt. Gerüche, so dieser allgemeine, schwer zu spezifizierende Körper-*

geruch, die man als etwas unangenehm empfindet, an denen man aber immer wieder riechen muß. Das gibt es ja auch bei ganz alltäglichen Gerüchen, Eiter und Speichel beispielsweise – als Kind wurde ich mal angespuckt, es roch ekelig, ich mußte es aber immer noch mal »testen«. Ich könnte den von mir abgelehnten Geruch oder die Gerüche jetzt gar nicht genau beschreiben, weiß aber ganz genau, wie der ist, und ahne auch manchmal oder kann mir genau vorstellen, daß Leute, die ich sehe, so riechen.

Nun zum Thema Sex und Geruch. Das Ding mit dem Riechen oder die Bedeutung des Riechens beim Sex kam mir eigentlich erst bei meinem letzten und jetzigen Freund zu Bewußtsein. Der davor war geruchstechnisch gesehen etwas minderbemittelt, was mir aber nicht weiter negativ aufgefallen ist. Freund A, drücken wir es mal so aus, erwähnte einmal am Tag nach einem »Beisammensein«, er hätte auf dem Nachhauseweg noch nach mir gerochen. Das ließ mich im ersten Moment etwas stutzen, dann fand ich die Vorstellung jedoch recht angenehm, zumal ich mich erstens auch manchmal ganz gern rieche, und zweitens kenne ich dieses Geschnuppere am Kissen oder T-Shirt, wenn der andere schon weg ist. Auch mein jetziger Freund scheint mich »gut riechen« zu können. Offenbar hat er eine recht große Affinität zu meinem Achselschweiß.

Während ich mich am liebsten manchmal noch dezent ins Bad begeben würde, findet er diesen Geruch erregend. Ich kann diese Freude an der Achselschnüffelei nicht so teilen – den Penisgeruch oder was immer da riecht, empfinde ich manchmal als angenehm, erregend oder auch schlicht unangenehm. Was ich dagegen sehr gerne rieche, ist Sper-

139

*ma – muffig, warm, leicht nach Camembertschale
und nur zu riechen, wenn man richtig nah ran geht.
Was ich geruchlich als ein zweischneidiges Schwert
bezeichnen würde, ist Morgensex. Auf der einen Seite dieser warm-schmusig-dumpfe Geruch, andererseits halt Morgenmundgeruch. Manchmal ist es egal,
aber generell störe ich mich sowohl an meinem eigenen Geruch oder Geschmack wie an dem des Partners.*

*Ein weiteres zurückliegendes Geruchserlebnis fällt
mir da noch ein. Ich habe mal mit einem Freund
eine Tour mit einer Segeljolle und Zelt gemacht. Es
war im Spätsommer, schon relativ kalt, und einige
Campingplätze hatten das warme Wasser schon ab-
gestellt. Die Bequemlichkeit obsiegte, und wir
wuschen uns nur sehr sporadisch. Mich störte es
vom Körpergefühl her nicht so fürchterlich, aber
Sex war, obwohl wir sehr verliebt waren, nicht
drin – wir lebten wie Bruder und Schwester. Die Gerüche waren dann doch zu heftig.*

Ganz andere Folgen hatten der Mangel an regelmäßi-
ger Körperreinigung und die damit einhergehenden intensiveren Körpergerüche bei einer anderen, 20jähri-
gen Frau:

*Eigentlich stehe ich im großen und ganzen sehr auf
Hygiene und Sauberkeit. Vor einigen Jahren war ich
jedoch zelten und machte eine ganz andere Erfahrung. Der Campingplatz war eine Zumutung, absolut zu wenig Sanitäranlagen! Ich lernte dort einen
Jungen (wohl eher Mann) kennen, mit dem es am
letzten Abend zu einer gemeinsamen Nacht kam.
Wir hatten beide fünf Tage nicht geduscht und lediglich eine provisorische Reinigung an einem pro-*

Abb. 15: Dufterlebnis.
Radierung.

visorischen Waschbecken vorgenommen. Es störte
mich überhaupt nicht!!! Ganz im Gegenteil, um ein-
schlafen zu können, legte ich meinen Kopf auf seine
nackte Haut. Ich habe mich bei einem One-Night-
Stand selten so wohl gefühlt! Das schönste war
wahrscheinlich, daß wir uns nichts vormachen muß-
ten, kein eitles Make-up und Klamottengetue. Wir
waren einfach so, wie wir sind: Menschen.

Und eine 23jährige Frau berichtet über ihre Vorstellungen von Geruchshygiene:

Ich hatte bisher glücklicherweise noch keinen (Sex-)
Partner, den ich partout nicht riechen konnte – im
wahrsten Sinne des Wortes.
Natürlich gibt es Tage, an denen mein Partner für
mich »sympathischer« riecht als an anderen, was
dann wohl meistens vom Schweißgeruch und von
der Art der körperlich verrichteten Anstrengung ab-
hängig ist.
Wäscht und duscht sich mein Partner längere Zeit
nicht, dann nehme ich dies natürlich auch wahr –
dieser Geruch ist mir eher unsympathisch, obwohl
er wohl am ehesten dem körpereigenen Geruch des
Menschen nahekommen würde, was ich rational
durchaus begreifen kann. Emotional finde ich die-
sen Gedanken jedoch eher abstoßend, was bestimmt
auch mit den mir anerzogenen Hygienevorstellun-
gen zu tun hat.
Zum Beispiel mag ich es lieber, wenn sich mein Part-
ner vor dem Schlafengehen duscht, anstatt sich mit
Unmengen von irgendwelchen Duftwässerchen für
mich »gut riechbar« zu machen. Mein Geruchssinn
wird dann dermaßen gereizt und betäubt, daß ich
nur noch diesen künstlichen Geruch des Parfüms

wahrnehme und gar nicht mehr ihn selbst. Ich mag dies weder riechen noch schmecken, genauso wie Sauerkraut mit Eisbein! In der Sauna jedoch macht mir der Schweißgeruch selbst von fremden Menschen nichts aus.

(...) Im Intimbereich spielt meiner Meinung nach der Aspekt der Hygiene eine noch größere Rolle als im oben genannten Fall, und zugegebenermaßen finde ich nur hier die Hygiene von Bedeutung. Unter Hygiene verstehe ich diesbezüglich, mich vor dem Geschlechtsakt – allgemeiner ausgedrückt, dem intimen Zusammensein im Genitalbereich – zu waschen, gar nicht notwendigerweise mit Seife, sondern nur mit Wasser. Das gleiche wünsche ich mir auch von meinem Partner.

Allerdings kann man solche intimen Kontakte ja nicht immer vorausplanen, was ich auch nicht anstrebenswert finde, und das macht die Sache natürlich komplizierter. In der Tat bemühe ich mich jedoch, diese Waschung vorher zu vollziehen, da ich mich ansonsten meinem Partner gegenüber unwohl und unsicher fühle; und unter anderem denke, daß ich ihm nicht gefallen könnte, und zwar erstens geruchlich sowie zweitens geschmacklich.

Hier wird für mich deutlich, daß der Intimgeruch oder allgemeiner der Geruch in enger Verbindung mit dem Geschmack steht. Nahrungsmittel, die ich nicht riechen mag, schmecken mir meistens auch nicht. Einen Menschen, dessen Mund- oder Genitalgeruch ich nicht riechen mag, den würde ich dort auch nicht küssen. Jedenfalls würde es mir nicht schmecken. Dies ist sicherlich ganz individuell, und die »Grenzbereiche des Zumutbaren« sind für jeden einzelnen sicher verschieden. Übrigens, wenn ich ei-

143

nen gewissen Grad der Trunkenheit erreicht habe,
dann tangiert mich die oben beschriebene Proble-
matik überhaupt nicht mehr. Ich vermute, daß dies
mit einer verminderten Wahrnehmung bzw. Betäu-
bung der Sinne, speziell des Geruchs- und des Ge-
schmackssinns, zusammenhängt.

Ich habe bereits ausführlich beschrieben, wieso eine
Trennung zwischen Geruchs- und Geschmacksempfin-
dungen beim Küssen schlecht vorzunehmen ist. Dies
trifft selbstverständlich auch für den Mundverkehr zu,
bei dem kußartige Berührungen der Genitalien stattfinden. Diese sexuelle Handlung wurde im übrigen
auch als Reiz- oder Genitalkuß bezeichnet,[6] während
man heutzutage überwiegend von Cunnilingus und
Fellatio[7] spricht, wohl auch, um eindeutig zwischen
den männlichen und weiblichen Genitalküssen unterscheiden zu können.

Cunnilingus scheint stammesgeschichtlich gesehen
ein Überbleibsel unserer tierischen Abstammung zu
sein. Man vermutet, daß die »brünstigen Riechstoffe des
(Ur-)Weibes« dem Mann als »Witterungshilfe dienten«.[8] Von anderen Säugetieren ist uns dieses Verhalten wohlbekannt, zumeist wird das Männchen von
den Düften des Weibchens angelockt, oder aber das
Männchen überprüft am Vaginalgeruch die Kopula-
tionsbereitschaft des Weibchens. Nicht selten findet
dabei auch ein Belecken statt.

Weil durch Cunnilingus eine beträchtliche Steige-
rung der sexuellen Lust erfolgt, empfahl ihn auch Ha-
velock Ellis, und zwar, um die Frau genügend auf den
Geschlechtsverkehr vorzubereiten.[9] Eine ähnliche
Empfehlung findet sich bezüglich der Fellatio nicht.
Darüber hinaus scheint sie sich nicht von brünstigem

Verhalten und Duftstoffen abzuleiten, wie der Cunnilingus, zumindest konnte ich hierfür keine Indizien oder Vermutungen in der wissenschaftlichen Literatur finden. Folglich könnte man ableiten, daß die Fellatio nicht auf eine einstmalige biologische Notwendigkeit zurückzuführen ist, sondern sich offenbar ausschließlich aus dem Wunsch nach Luststeigerung entwickelt hat.

Der Mundverkehr, der zumeist eine Stimulation beider Beteiligten nach sich zieht, fordert, wie man sich unschwer vorstellen kann, alle Sinne gleichzeitig, den einen mehr, den anderen weniger. Mit Sicherheit ist jedoch der Geruchssinn in hohem Maße beteiligt, und wie die hier zitierten Mitteilungen zeigen, können die wahrgenommenen Gerüche nicht zuletzt die Wollust steigern oder dämpfen. Zu fragen bleibt, ob nicht auch heute noch eine geruchliche Aufnahme des Geschlechts »zwingend erforderlich« ist, um etwa die Sinnenlust zu befriedigen oder um eine unbewußte Überprüfung der Düfte möglich zu machen.

Wie die Beantwortung dieser Frage aber auch ausfallen mag, sicher ist, daß die sinnlichen Eindrücke für die sexuelle Stimulation von Bedeutung sind, was nicht zuletzt von Geruchsvorstellungen sowie -moden, von individuellen Geruchserfahrungen und vom Hygieneverhalten abhängen mag. So teilt mir etwa ein 83jähriger Mann mit, der seit über zwanzig Jahren »absolut nicht mehr riechen kann«, was, wie er schreibt, »aber seinen Sexualtrieb keineswegs beeinträchtigte«:

Alle von der kosmetischen Industrie und von der blühenden Natur erzeugten Wohlgerüche haben meinen Sexualtrieb stets erfreulich stimuliert. Andererseits würden üble Gerüche der Partnerin, seien

sie nun oral, anal, vaginal, Fuß- oder Achsel-
schweiß, meinen Sexualtrieb sofort abbremsen.
Gottseidank hatte ich es stets mit äußerst gepflegten
Damen zu tun. (...)

Das Reinlichkeits- sowie Parfümierungsverhalten des
Sexualpartners kann sich aber nicht nur entscheidend
auf die sexuelle Situation auswirken, weil sich dadurch die Körpergerüche ganz erheblich verändern
und damit Geruchsvorlieben berührt werden, sondern
das Verhalten an sich kann schon Auswirkungen zeigen. Dies, weil eigene Hygiene- oder Geruchsstan-
dards in Frage gestellt werden können, wie beispielsweise die folgenden Mitteilungen einer 33jährigen
Frau zeigen:

(...) Wenn ich Männer oder Frauen liebe, dann liebe
ich auch ihre unterschiedlichen Körperausdünstun-
gen. Ich will alles von ihnen sehen, fühlen und rie-
chen. Wie liebe ich den Geruch, den der Schwanz
meines Freundes ausdünstet. Ich ziehe die Vorhaut
zurück und rieche, atme ihn tief ein. Dann kriege
ich wirklich alles von ihm, auch seine Peinlichkeit
ob seiner ungewaschenen Genitalien.
Vorbehalte habe ich parfümierten Männern gegen-
über, weil ich dann das Gefühl habe, sie tragen eine
Maske und lassen mich, geschützt durch eine Duft-
barriere, gar nicht wirklich an sich ran. Auch hasse
ich es, wenn Männer vor dem Sex ein Waschritual
abhalten. Schwanz, Arsch und Achseln waschen,
Zähne putzen. Dann habe ich das Gefühl, ich müßte
das gleiche tun. Dabei rieche ich Mösengeruch aus-
gesprochen gern, und eigentlich würde ich mich
vom Gefühl her gar nicht waschen wollen, aber die
Reinlichkeitsgebote meiner Mutter sitzen doch tief.

Zitat: »Du mußt jeden Tag frisch gewaschen sein, vor allem unten herum.«
Körpergerüche sind für mich die eigentliche Wahrheit, und ich nehme sie wahr. Es gibt Männer, die ich nicht riechen kann, sie sind zwar unparfümiert und riechen nach sich selbst, aber ich kann sie trotzdem nicht riechen und mir keinen Sex mit ihnen vorstellen. Ich kenne einen Mann, dessen Körper riecht nach Pisse. Nach alter, abgestandener Pisse. Das stößt mich ab. Obwohl er ein schöner und interessanter Mann ist, ist da einfach eine Schranke, die mir sagt: »Nee, der nicht!«

Wie weit das eigene Geruchsgefühl tatsächlich vom Hygieneverhalten des Partners abhängen kann, offenbart die nächste Mitteilung einer 22jährigen Frau:

Ich hatte vor einiger Zeit einen Freund, der es bewußt nicht so genau mit der »Körperreinigung« genommen hatte, weil er seinen Eigengeruch sehr genießen konnte. (...)
Das hat mir sehr viel Zutrauen zu meinem eigenen Körper gegeben. Wenn ich zum Beispiel sonst automatisch jeden Morgen unter die Dusche gesprungen bin, um frisch zu sein, habe ich mich auch mal einen Tag nicht gereinigt, dadurch habe ich den Geruch als einen Teil von mir kennengelernt.

Andererseits können eigene Vorstellungen bezüglich der Intimhygiene oder das Wissen über die Folgen einer unzulänglichen Genitalreinigung starken Einfluß auf das sexuelle Verlangen nehmen. Dies kann völlig unabhängig vom Sexualpartner geschehen, wie den folgenden Zeilen einer 24jährigen Frau zu entnehmen ist:

(...) Momentan fällt mir kein einschneidendes, für mich positives Erlebnis in puncto Sexualität und Geruch ein. Vielmehr muß ich daran denken, daß ich in letzter Zeit verstärkt auf den Penisgeruch meines Partners achte, der ja im allgemeinen durch sich unter der Vorhaut zersetzendes Smegma verursacht wird. Es gibt da nämlich eine Studie, die besagt, daß Frauen, die Geschlechtsverkehr mit beschnittenen Männern haben, weniger häufig bis gar nicht an einem Portiokarzinom [Gebärmutterhalskrebs] erkranken (im Vergleich zu Frauen, die Sex mit nicht beschnittenen Männern haben). Dieser Gedanke schießt mir dann schon ab und zu in den Kopf, macht mir Angst und senkt meine Lust.

Smegma, wie bereits weiter oben beschrieben, findet sich sowohl an der Eichel als auch an der Klitoris und den kleinen Schamlippen. Es ist zunächst eine wachsartige Absonderung von Drüsen, die farb- und geruchlos ist. Die Smegmaabsonderungen sind von der Geschlechtsreife abhängig und bei Männern reichlicher vorhanden sowie ausgeprägter im Geruch als bei Frauen.[10] Zudem soll der Duft bei Männern mit langer Vorhaut am stärksten sein.[11]

Bei mangelnder Hygiene wird der Geruch des Smegma nicht nur äußerst penetrant und unangenehm, sondern die Sekretansammlung kann auch zu Entzündungen führen. Darüber hinaus bestätigte mir ein Gynäkologe die Angaben dieser Schreiberin, wonach ein Zusammenhang zwischen Unsauberkeit des Mannes und Gebärmutterhalskrebs bestehen kann. Er teilte mir zudem mit, daß ihm eine Studie bekannt sei, aus der hervorgehe, daß Nonnen noch nie an Gebärmutterhalskrebs erkrankt seien, was ebenfalls für die

Wahrscheinlichkeit dieses Zusammenhangs spräche. Meine Vermutung, ob nicht auch die Smegmaansammlung im Vaginalbereich eventuell mit Hilfe des Penis in die Scheide eingebracht und dafür verantwortlich gemacht werden könnte, hielt der von mir befragte Frauenarzt für unwahrscheinlich.

Was die stimulierende Wirkung des Smegmadufts betrifft – der ja wiederum Bestandteil des Geschlechtsgeruchs bei Mann und Frau ist –, so wird ihm durchaus eine ähnliche Wirkungsweise wie den Pheromonen unterstellt. Dies, weil einzelne Geruchsbestandteile den gleichen Ursprung besitzen wie Sexuallockstoffe, die bei anderen Säugetieren das Geschlechtsleben regeln.[12]

Daß Geschlechtsdüfte »liebestoll« machen können, erfuhren wir aus einigen Mitteilungen, und es wird auch immer wieder in der wissenschaftlichen[13] sowie schöngeistigen Literatur beschrieben. Extrem auffällig und augenscheinlich wird der »Hang« zum Intimgeruch bei Wäschefetischisten, die sich ausschließlich vom Geruch sexuell stimulieren lassen, während für normal veranlagte Menschen der Duft lediglich ein Bestandteil des Ganzen ist,[14] also mit dem Sexualpartner und allen anderen Sinneseindrücken in Beziehung steht.

Dementsprechend sind sexuelle beziehungsweise erotische Vorstellungen, optische Wahrnehmungen, Tasteindrücke und nicht zuletzt Dufteindrücke »ein mächtiger Motor für den Geschlechtssinn«; wobei insbesondere dem sonst so »widerlichen Smegmageruch des Mannes sowie des Weibes« eine besondere Reizwirkung zukommt. Selbst als unbewußter Geruchseindruck kann er nach Paul Fürbringer »bei manchen geschlechtsgesunden Individuen Erectionen wecken«.[15]

V. Kapitel

Geruchsandenken

Die Gerüche eines Menschen finden sich nicht nur an seinem Körper, sondern auch an seiner Kleidung oder an Dingen, mit denen er geraume Zeit in Berührung gekommen ist. Körperdüfte werden folglich an Gegenstände weitergegeben, was jedermann bekannt sein dürfte, denn selbst ein schlechter Riecher erkennt am Geruch eines Kleidungsstückes, ob dieses bereits getragen wurde oder nicht. Auch Betten, Räume oder Wohnungen nehmen Körperausdünstungen an, so daß auch sie eine individuelle Geruchsmarke des Benutzers erhalten.

Was die Sexualität betrifft, so können Körpergerüche in der Bekleidung oder an bestimmten Gegenständen offenbar eine besondere Bedeutung erlangen, etwa für manche Liebende, für die das »Objekt der Begierde« nicht erreichbar ist. Dies ist beispielsweise der Fall, wenn sich die Liebe nicht erfüllt – ich erinnere diesbezüglich an Goethe und das von ihm gestohlene Mieder seiner Angebeteten – oder wenn zu dem geliebten Wesen keine körperliche Nähe hergestellt werden kann. Dementsprechend teilt mir etwa eine 25jährige Frau in einem bereits zitierten Brief mit: »Ich lege mir immer ein Halstuch oder ein T-Shirt von ihm ins Bett, wenn er nicht da ist.«

Im Zustand der Entbehrung des Geliebten versuchen Liebende oftmals durch das Beschnüffeln eines getragenen Kleidungsstücks eine sinnliche Nähe zum anderen herzustellen, und in der Tat führt der eingeatmete Geruch im wahrsten Sinne des Wortes zu einer Einverleibung und inniglichen Vergegenwärtigung der geliebten Person.

Derart wahrgenommene Körperdüfte fungieren zudem wie ein magisches Mittel,[1] weil sie über die Abwesenheit des anderen hinwegtrösten oder Erlebtes in gewisser Weise wieder lebendig werden lassen. So können etwa Glücksmomente, das Gefühl der Geborgenheit und des Wohlbefindens erneut wahrgenommen werden, und auch wiedererinnerte sinnliche Momente stürzen manchen in einen Sinnentaumel und führen nicht selten zu fleischlichen Gelüsten.

Eine 32jährige Frau erinnert sich zum Beispiel an eine mehrjährige Liebesbeziehung mit einem Spanier. Während er in seiner Heimat lebte, wohnte sie selbst in Deutschland. Sie schreibt:

(...) Manchmal sahen wir uns nur einmal oder zweimal im Monat am Wochenende und dann wieder für eine lange Zeit nicht mehr. Es kam auch vor, daß er für einen Monat blieb, aber das war eher selten der Fall.

Einmal hinterließ mir mein Geliebter, bevor er wieder für ein paar Wochen verschwand, sein stark verschwitztes T-Shirt. Es roch wirklich sehr intensiv nach Schweiß, aber ich liebte diesen Geruch. Er meinte, ich sollte etwas haben, was mich, solange wir uns nicht wiedersehen, immer an ihn erinnert. Wenn mich dann die Sehnsucht nach ihm quälte und ich abends allein in meinem Bett lag, nahm ich das T-Shirt, drückte es an meine Nase, um seinen Geruch tief einzuatmen. Dabei stellte ich mir vor, wie es war, als wir uns das letzte Mal geliebt hatten.

Es war ein schönes und intensives Gefühl, nicht nur
ein Bild von jemandem zu haben, den du liebst, son-
dern auch noch seinen Duft.

Auch für eine 25jährige Frau spielt der Duft des
Freundes eine besondere Rolle, weil auch sie getrennt
von ihm lebt. Sie teilt mir folgendes mit:

(...) Ich lebe ausbildungsbedingt mit meinem
Freund in einer Wochenendbeziehung (mit Ausnah-
me der Semesterferien). Und in dieser Zeit ist mir
die Bedeutung des Geruchs besonders deutlich ge-
worden. Etwa alle vierzehn Tage sehen wir uns.
Und das erste, was ganz wichtig ist bei den Begrü-
ßungsumarmungen und automatisch passiert, ist,
daß ich den Geruch meines Freundes in mich ein-
sauge, ihn beschnüffle durch langsames tiefes Einat-
men, und dabei schließen sich die Augen natürlich.
Das gibt mir sofort ein Gefühl von Vertrautheit und
Geborgenheit. Ich glaube, diese Geruchskontakt-
aufnahme ist die schnellste, um wieder in die Ver-
trautheit einzutauchen, die nach vierzehn Tagen
erstmal wieder aufgebaut werden muß. Diese kleine
Beschnupperungszeremonie ist durchaus nicht auf
die Begrüßung beschränkt. (...)
Die Versuche, seinen wahren Geruch zu konservie-
ren und mitzunehmen, sind allesamt gescheitert, das
liegt wohl in der Natur der Sache, denn alles »nach
ihm« Duftende verändert sich ohne ihn. Trotzdem
schnuppere ich an seinen Sachen, um mich ihm nahe
zu fühlen und mir seinen wirklichen Duft in Gedan-
ken zu vergegenwärtigen, was schwerfällt, und ge-
nau kriege ich es auch nicht hin. (...)

Und eine 24jährige Frau, die ihren Freund ebenfalls

nur am Wochenende sehen kann, versucht sogar, dessen Gerüche so lange wie möglich zu erhalten:

Ich lebe mit meinem Freund eine sogenannte Wochenendbeziehung. Das bedeutet nicht nur, daß man sich nur in bestimmten Abständen sehen kann, sondern auch, daß alle sinnlichen Ein- und Ausdrücke, die mit dem Partner zu tun haben, auf die Wochenenden beschränkt sind, bis auf den Geruch. Der bleibt nämlich da, manchmal ein paar Stunden, manchmal länger, in einem vergessenen oder dagelassenen Kleidungsstück und im Bett. Das ist der Grund, warum ich mein Bett nur an den Tagen frisch beziehe, an denen ein Wochenende mit meinem Freund beginnt.

Dem 30jährigen Schreiber des nächsten Briefes blieb als Trost für seine aussichtslose Liebe nur der Geruch seiner Angebeteten. Er schreibt:

(...) Meine erste bewußte erotische Geruchserfahrung war die folgende: eine Freundin von mir, in die ich sehr verliebt war, sie aber nicht in mich, übernachtete bei mir. Ihr Geruch strömte die ganze Nacht in meine Nase, so daß ich kaum schlafen konnte. Am nächsten Morgen legte ich mich, nachdem sie gegangen war, wieder ins Bett, um die schlaflose Nacht auszugleichen. Ihr Geruch war besonders auf dem Kopfkissen noch stark zu riechen, und so war ich froh, daß mir wenigstens ihr Geruch geblieben war. Ich glaube, daß mich besonders der Duft des Haares mit dem Konglomerat von Parfüm, körpereigenem Geruch und einem leisen Hauch von Rauch fasziniert hat. Mit geschlossenen Augen konnte ich, die Nase tief im Kopfkissen vergraben,

die Erinnerung an sie wieder vor mein geistiges
Auge zurückrufen. Ihr Geruch klebte noch einige
Tage, immer schwächer werdend, an dem Kopfkis-
sen.

Die zweite bewußte Erfahrung hängt mit einer an-
deren Freundin zusammen, die mir erzählte, daß der
Biergeruch, den ich nach einer Party ausströmte, er-
regend auf sie wirken würde. Auch bei dieser Freun-
din faszinierte mich der Geruch ihrer Haare, beson-
ders aber auch ihr Geruch an der Rückseite ihrer
Ohrmuschel sowie ihr Achselgeruch. Am liebsten
war mir allerdings ihr Geruch am Morgen. Der
schlaftrunkene Duft einer Nacht, in dem sich unsere
Körpergerüche und Liebesausdünstungen vermisch-
ten. Ich wollte dann meistens nicht aufstehen, weil
ich den Duft möglichst lange erleben wollte. Zudem
bin ich morgens nach dem Aufwachen häufig am
stärksten erregt. (...)

Auch dem Brief eines bisexuellen 26jährigen Mannes
kann man entnehmen, daß die verbliebenen Düfte des
Sexualpartners eine ganz besondere Bedeutung erlangen können. In diesem Fall werden getragene Kleidungsstücke und Gerüche der Nacht, die sich im Bett
eingenistet haben, als sexuelles Stimulationsmittel benutzt:

(...) Hin und wieder lieh ich mir Kleidungsstücke
von Personen aus, auf die ich abfuhr, um mich, an
den Kleidungsstücken riechend, zu befriedigen.
Gleichbedeutend ist die Situation, wenn ich mit ei-
ner Person über mehrere Tage im selben Bett schlief
und ich mich in der ersten Nacht danach selbst be-
friedigte, während ich den Duft einsaugte. (...)

Aus einem ähnlichen Grund schnuppert ein 22jähriger Mann an der getragenen Wäsche seiner Freundin. Eine Passage des Briefes lautet:

> *Wenn ich sie [seine langjährige Freundin] einige Zeit nicht sehen kann, habe ich immer ein von ihr getragenes Kleidungsstück, an dem ich sehr oft rieche, bei der Selbstbefriedigung habe ich dann (zusammen mit meiner Vorstellungskraft) zumindest eine »Illusion«. (...)*

Und bei einem 35jährigen Mann, für den der Geruch seiner Freundin auch Geborgenheit vermittelt, führt der verbliebene Duft seiner Freundin zu einer zusätzlichen Steigerung seiner sexuellen Lust. In einer umfangreichen Mitteilung heißt es unter anderem:

> *(...) Bei einer längeren Trennung von meiner Partnerin kommt es sehr wohl zu Situationen, in denen ich selbst sexuell erregt bin und der Geruch meiner Partnerin in der Bettwäsche dies noch verstärkt.*

Diese Mitteilungen zeichnen sich durch einen geschlechtsspezifischen Unterschied aus. Während die zitierten Frauen die verbliebenen Körpergerüche in erster Linie dazu benutzten, sich den vermißten Partner zu vergegenwärtigen, um eine emotionale Nähe herzustellen und Erlebtes erneut fühlen zu können, verwenden die Männer die Gerüche maßgeblich als sexuelles Stimulationsmittel oder zur Luststeigerung, wobei ihnen aber ganz offensichtlich auch der geruchlich-emotionale Bezug zum begehrten oder geliebten Wesen von großer Bedeutung ist.

Dieses Fazit, wenngleich es nur auf relativ wenigen Aussagen beruht, wird in mancher Hinsicht auch von meiner Untersuchung zum Zusammenhang von Geruch und Sexualität bestätigt, wonach 74,7 % der befragten Frauen und 58,5 % der Männer angaben, an einem getragenen Wäschestück geschnuppert zu haben, um sich an den Partner zu erinnern. Des weiteren haben 48,0 % der Frauen, aber bloß 18,2 % der Männer schon einmal ein Kleidungsstück des Partners als »geruchliche Einschlafhilfe« benutzt. Gegenüber diesen Angaben macht sich die Zahl derjenigen, die den Geruch eines Kleidungsstückes als sexuelles Stimulationsmittel verwendet haben, eher bescheiden aus, denn es waren lediglich 5,5 % der befragten Frauen und 8,8 % der befragten Männer, die hierzu Angaben machten.[2]

Kommen wir nun zu einem anderen Geruch, der als Andenken vom Sexualpartner zurückbleiben kann. Es sind jene Gerüche, die bei der sexuellen Handlung am eigenen Körper hängenbleiben. Durch den bloßen Körperkontakt kann etwa eine Duftübertragung des Schweißes oder künstlicher Duftstoffe stattfinden, und zu einem direkten Sekretaustausch kommt es beim Geschlechtsverkehr. Auch diese Düfte können bestimmte Gefühle vermitteln wie Nähe und Geborgenheit, aber auch sexuelle Lust wecken. In jedem Fall erinnern sie auf geheimnisvolle Weise an das Geschehene.

Der intime Geruch danach

Fast poetisch schildert ein 34jähriger Mann seine Geruchserfahrungen:

(...) Was mich wirklich berauscht und entzückt, das ist der intime Geruch danach. Wenn ich mit einer Frau alles getan habe, dann bleiben an meinem Körper ihre Gerüche zurück. Ein wenig Parfüm, Schweiß und der Geruch ihrer Säfte. Das mag ich sehr, weil ich dadurch das Vergangene noch einmal erleben kann.

Ich rieche dann an meinen Händen ihren fraulichen Geruch, und wenn dieser verflogen ist, nehme ich ein wenig von dem, der an meinem Geschlecht geblieben ist. Ich bin dann meistens erregt, und es kommt auch vor, daß ich mich dabei selbst befriedige.

Ich habe auch Gefallen daran, diese Gerüche in Gegenwart von anderen Menschen wahrzunehmen, wie ein Geheimnis stehen sie dann zwischen mir und den anderen. Irgendwie beruhigen sie mich auch und entrücken mich der Welt, sie wirken auf mich dann wie ein Tagtraum, und ich gehöre nur noch mir selbst.

Und eine 42jährige Frau, die sich »nie sonderlich viel Gedanken« über Gerüche gemacht hat, ihnen aber sehr wohl »stets etwas abgewinnen« konnte, läßt uns wissen:

(...) Besonders wenn man verliebt ist oder sich erst

*kurz kennt, achtet man meiner Meinung nach sehr
auf die Gerüche des Partners. Auch spielen sie dann
eine größere Rolle, vielleicht, weil man sich noch irgendwie fremd ist.*

*Bei all meinen Männern war es jedenfalls am An-
fang immer von größerer Bedeutung für mich,
wenn ich sie nach unseren Treffen noch gerochen
habe, weil ich mich dann sehnsuchtsvoll an sie erinnern konnte. Ich finde es zum Beispiel unheimlich schön, wenn der Geruch von Aftershave an
meinen Händen oder an meinem Gesicht noch etwas dableibt. Einmal konnte ich auch feststellen,
daß sich dieser Geruch auch an meinem Telefon
festgenistet hatte, und da mußte ich dann immer
mal daran riechen.*

*Eine ziemlich erotische Komponente haben auch die
Gerüche, die »nach dem Akt« entstehen, für mich.
Da ich nicht zu den Frauen gehöre, die sich wie Teufel danach waschen, riecht es schon ziemlich intensiv nach einiger Zeit, was ich aber nicht unangenehm finde, im Gegenteil. Wenn ich dann auf die
Toilette gehe und den Geruch dann wieder rieche
(...), gibt mir das so einen Kick, und ich muß sofort
wieder an die bestimmten Szenen denken.*

Auch bei einer 35jährigen Frau, für die Körpergerüche
ebenso im Alltag von Bedeutung sind, wecken die »intimen Düfte ihrer Freundin« ganz besondere Gefühle
und erinnern an das Geschehene. Sie teilt mir mit:

*(...) In meiner Beziehung zu meiner Freundin sind
unsere Gerüche sehr wichtig. Meine Freundin und
ich kennen es, jemanden nicht gut riechen zu können, im wahrsten Sinne des Wortes. Und ich fand es
verblüffend, daß bei uns der Geruch nie ein Pro-*

blem war. Ich glaube, sonst wären wir uns ohnehin nie so nahegekommen.

Ich glaube, daß bei mir der Geruch des/der anderen sehr bald eine Rolle spielt und sympathieentscheidend ist, auch bei nicht sexuellem Kontakt.

Als ich mit meiner Freundin das erste Mal schlief, es war ein wunderbarer Sommermorgen auf einer Nordseeinsel, duschte ich morgens und nahm rein zufällig wahr, daß meine Hände noch den Geruch des Intimbereiches (Vaginalbereich) meiner Freundin hatten. Ich schloß die Augen und sog die »Erinnerungsgerüche« auf und war glücklich über diese »Geruchsspuren«.

Ich rieche den Geruch der Wohnung meiner Freundin besonders gerne – wir haben noch nie eine gemeinsame Wohnung gehabt und leben seit fünf Jahren in anderen Städten, ohne daß unsere Beziehung an Intensität verloren hätte, eher im Gegenteil. Sie benutzt fast allabendlich Heilpflanzenöl, und eine leise Spur davon sowie von ihrem Geruch mischt sich in der Wohnung, die ich gerne betrete und darin atme.

Die Sekrete beziehungsweise der Geschlechtsduft des Sexualpartners finden sich also an den verschiedensten Körperstellen wieder, und sie werden nicht selten als erotisch oder sexuell stimulierend empfunden. Ich erinnere an dieser Stelle auch noch einmal an die Briefpassage eines 36jährigen:

Orale Sexualpraktiken mag ich dann besonders gerne, wenn ich den Geruch des Geschlechtes einer Frau auch noch am nächsten Tag bei der Arbeit gerne in der Nase habe und mich daran jedesmal erneut berausche.

Ähnliches bemerkt auch ein 35jähriger Mann am Rand eines Fragebogens[3]:

Vaginalgeruch an den Fingern kann oft Tage »danach« noch sinnlich und stimulierend wirken, Erinnerungen und Lust auslösen.

Aber dieser »Geschlechtsverkehrsgeruch« berauscht auch, wenn er sich »in der Luft« oder im Bett befindet. So schreibt etwa ein 51jähriger Mann:

Nach den Liebesnächten mit einer bestimmten Partnerin entstand immer ein so starker Geruch, daß man die Luft hätte schneiden können. Es war eine wunderschöne Geborgenheit, Liebe und Freiheit in diesem Geruch. Und er war auch so anregend, daß wir uns immer wieder geliebt haben, oft bis zur Erschöpfung.

Oder ein 22jähriger teilt mir mit:

Die Gerüche im Bett, die nach dem Geschlechtsverkehr entstehen, wirken wie ein Motor, man muß es dann gleich noch einmal treiben.

Die einzelnen Gerüche, die durch den Geschlechtsverkehr entstehen, unterscheiden sich allerdings dramatisch voneinander. Es machen sich nämlich nicht nur große Unterschiede bemerkbar, weil auch diese Gerüche stets eine individuelle Note besitzen, sondern es spielt zudem eine enorme Rolle, ob Ejakulat mit im Spiel war. Dies hat besonders für Frauen Auswirkungen, weil noch lange nach dem Geschlechtsverkehr Reste aus der Scheide ausgestoßen werden können. Während also Männer nur eine »kurzfristige« Geruchsveränderung am Genital erfahren, wird der Ge-

161

schlechtsgeruch der Frauen langfristiger und erheblicher beeinflußt.

Dessenungeachtet verändert sich sowohl beim Mann als auch bei der Frau der Geschlechtsgeruch nach dem Koitus, und es entsteht ein spezifischer Geruch, der sich mit der Zeit durch Zersetzungsprozesse zu einem stechend fischartigen Duft entwickelt. Die Gerüche unterscheiden sich allerdings geschlechtsspezifisch, und zwar schon deshalb, weil unter anderem die Geschlechtssekrete und die Bakterien bei Männern und Frauen sehr verschieden sind.

Bezüglich der Frau ist man der Frage nachgegangen, welche Sekretbestandteile zu dem »Übelgeruch« führen, und hat ausschließlich Samenreste dafür verantwortlich gemacht.[4] Ob man diesen Geruch nun mag oder nicht und ob man überhaupt Geruchsveränderungen am eigenen Genitalbereich ertragen kann, hängt sicherlich auch damit zusammen, welches Verhältnis gegenüber diesem Duft entwickelt wurde. Vielleicht ist aber auch der individuelle Geschlechtsgeruch des Sexualpartners oder der Samengeruch entscheidend. So schickte zum Beispiel eine 28jährige Frau folgende Zeilen:

(...) Nach dem Geschlechtsverkehr möchte ich oft duschen, weil ich dann anders rieche, vor allem meine Vagina. Beim »ersten Mal« war es ganz extrem (damals war ich 18), ich ließ Wasser in die Badewanne, goß viel Kräuterbad ein und kam erst nach langer Zeit raus.
Dies änderte sich erst, als ich meinen heutigen Mann kennenlernte. Ich dachte nicht an was Unangenehmes, sondern dieser Geruch gefiel mir. Aber so sehr ich jetzt versuche mich [an den damaligen Geruch] zu erinnern, wie es roch, es gelingt mir nicht.

Ich weiß nur noch, daß ich mich in meiner Haut nicht wohl fühlte. Wie schon erwähnt, ist das heute anders, aber ich kann nicht sagen, daß ich daran riechen muß, es ist nur nicht mehr unangenehm.

SCHLUSSBETRACHTUNG

Im Plattdeutschen gibt es das Sprichwort: Was dem einen sin Uhl, ist dem andern sin Nachtigall. Gleiches hat offensichtlich auch Geltung für die sexuelle Geruchsempfindung, denn ein bestimmter Körpergeruch kann den einen abschrecken, während er den anderen wahrlich verführen, betören oder sexuell stimulieren kann.

Die Bandbreite dessen, was fasziniert oder Aversionen hervorruft, ist weit, was sowohl auf den einzelnen als auch auf die Gesamtheit derjenigen zutrifft, deren erotische Geruchserinnerungen hier preisgegeben wurden. Zudem scheint es »in der Liebe immer darauf anzukommen«, insbesondere, wenn es um unsere intimsten Gerüche geht, denen viele von uns auch in Gedanken immer erst einmal mit Wasser und Seife begegnen wollen.

»Ich mag es, wenn jemand gepflegt ist, als ich jedoch …«, schreibt beispielsweise eine 26jährige, und ganz offenkundig ist für einige Menschen dieses *Jedoch* sehr entscheidend. Es können winzige Duftnuancen sein, eine bestimmte Situation oder ein aufgeschlossenes Geruchsverhalten des Sexualpartners, die das Verhältnis zu Körpergerüchen ad hoc verändern können und damit zugleich auch die sexuelle Situation.

Wie wir gesehen haben, ist das Verhältnis zu unseren Gerüchen nicht immer eindeutig, wir werden von Düften quasi »hin und her gerissen«, und sie haben in gewisser Weise Macht über uns, weil sie unterschwellig agieren. So zeigt der Geruchssinn uns nicht selten, wo es langgeht, entscheidet eigen-willig und ist »sympathieentscheidend«, auch und gerade bei sexuellem Kontakt.

Diese Eigenwilligkeit des Geruchsapparates ist es wohl auch, die ihn für viele Denker und Forscher suspekt erscheinen läßt. Dazu kommt noch, daß unsere Nase einen »heißen Draht zur Vergangenheit« hat. Sie erinnert beständig an das Tierische in uns und rüttelt ungefragt an unseren Gefühlen. Auch fragt der Geruchssinn wenig nach objektiven Werten, Gegebenheiten und Fakten, sondern er besitzt sein eigenes Regelwerk, nach dem er entscheidet.

»Da hatte ich plötzlich diesen Geruch in der Nase«, erinnert sich ein 27jähriger und kann nicht umhin, seine Jugendliebe zu suchen, und »da sind sie dann, die geliebten Erinnerungen oder wunderschönen Phantasien oder Wehmut«, gegen die kein Kraut gewachsen ist und nur eines hilft, eine geruchsblinde Nase.

Während dem Geruchssinn dieses eigenwillige Agieren noch zubilligt wird, begegnet man ihm eher skeptisch oder mit vollkommener Verblüffung, wenn er spontan unsere Triebe weckt, zumindest unseren Sexualtrieb. Um so mehr verblüffte mich die Mitteilung einer 15jährigen:

Also, ich war mal bei meiner Freundin, die Geburtstag hatte. Hinter mir stand ein Typ, der unheimlich gut roch, da werde ich schon riemlich.

Oder eine 16jährige, die zudem noch ihre Gefühle in die Tat umsetzte, berichtet:

Ich war beim Imbiß, dort war auch ein Freund von mir, der ziemlich gut roch. Das macht einen dann

auch richtig an. Vor allem, wenn der Typ auch noch
gut aussieht. Na ja, jedenfalls habe ich ihn zu mir
nach Hause zum Essen eingeladen (richtig roman-
tisch, mit Kerzenschein), und zum Schluß habe ich
dann noch mit ihm gepennt.

Augenscheinlich kann der erste Impuls zur sexuellen
Kontaktaufnahme durch den Körpergeruch gegeben
werden. Ob dies die Regel ist, wage ich zu bezweifeln.
Allerdings bezweifle ich nicht, daß der Geruchssinn
die letzte Entscheidung fällt, wenn es um den fleischlichen Kontakt geht. Dann nämlich kann es sein, daß
»es mit dem Geruch irgendwie nicht hinhaut«, »man
nicht mehr kann« oder »völlig hingerissen« ist.[1]

Nichts macht Vergangenes derart lebendig wie der
Geruch, und nichts verwirrt uns mehr, als eingestehen
zu müssen, daß Körpergerüche das Salz in der Suppe
sein können, wenn es um die Sexualität geht. Sexualität ohne Geruch ist undenkbar. Das zeigt sich nicht
nur bei manchen geruchsblind gewordenen Menschen,
die daraufhin ihre »Lust« verloren haben, sondern
auch an Äußerungen, die sich auf den nicht mehr vor-
handenen Körpergeruch beziehen. »Das irritiert dann,
besonders mit geschlossenen Augen« oder »törnt ab«,
wie es eine 27- und eine 25jährige ausdrücken.

Das innige Band zwischen Geruch und Sexualität ist
jedem bekannt, der sich eingängig mit diesem Thema
beschäftigt hat. Mediziner wissen etwa, daß es eine ol-
fakto-genitale Entwicklungsstufe beim Menschen gibt,
die, sofern sie falsch verläuft, eine unzureichende ge-
schlechtliche Ausreifung mit gleichzeitiger Störung des
Geruchssinns nach sich zieht.[2] Neurobiologen erforschen und belegen seit langem die Wechselwirkung
von Geschlechtshormonen und Gerüchen, und Zoolo-

gen sowie Biologen vergleichen, ohne mit der Wimper zu zucken, das sexuelle Verhalten der Tiere und Menschen in bezug auf bestimmte Geruchslockstoffe, die sie Pheromone nennen. Nicht zuletzt sehen Psychologen und Verhaltensforscher einen Zusammenhang von Geruch, ererbten olfaktorischen Anlagen und geschlechtsspezifischen Geruchsfähigkeiten. Und was die pathologische Seite des Verhältnisses von Nase und Geschlecht betrifft, so wissen Psychiater und Neurologen sehr wohl, daß fehlgesteuerte Geruchsempfindungen unter anderem zu übersteigertem Sexualverlangen führen können.

All diesen Erkenntnissen zum Trotz wird noch immer so getan, als sei der Zusammenhang zwischen Geruch und Sexualität beim Menschen nicht existent und als gehörten diejenigen, die sich zu ihren sexuellen Geruchsempfindungen bekennen, zu jener Minderheit, die wir als pervers bezeichnen. Die Frage ist, warum?

Meines Erachtens ist die Antwort auf diese Frage ebenso offensichtlich wie simpel: Wir haben uns zu kultivierten Säugetieren entwickelt, die sich vom Tierischen abgrenzen wollen und müssen, dies unter anderem mit ästhetischen Ansprüchen. Ein Tier darf nach Tier stinken, aber ein Mensch nicht. Einem Vierbeiner ist es erlaubt, am Geschlecht zu schnuppern, aber einem Zweibeiner nicht.

Ganz abgesehen davon, daß wir unsere Triebe zügeln müssen, um in einer Gemeinschaft leben zu können, hat diese Gemeinschaft im Laufe der Zeit »Geruchsregeln« und »Duftnormen« aufgestellt, die aus vielerlei Gründen, etwa wegen der Hygiene, Ästhetik, Gesundheit, für eben diese Gemeinschaft notwendig waren und sind. Einer dieser Gründe war möglicherweise der, sexuelle Gerüche soweit wie möglich zu beseitigen, um ein »regelbares Leben« möglich zu machen.

Heutzutage würde wohl keine Kultur der Welt Schaden nehmen, wenn sie ihre Geschlechtsgerüche wieder zuließe, aber sicherlich würde die übrige Menschheit sich vehement gegen diese archaische Geruchsempfindung abgrenzen, gilt es doch, »zivilisiert« unseren Körperdüften entgegenzutreten.

Abb. 16: »Eden. Der verbotene Duft.«
Parfümwerbung der Firma Cacharel.

170

EPILOG

Hat die Zivilisation etwas mit den Geruchsempfindungen gegenüber unseren Körpergerüchen zu tun?
Offenbar nicht, denn mir ist keine Kultur bekannt,
die nicht ihre eigenen Geruchsnormen aufgestellt
hätte. Aber vielleicht ist ja – was die westliche Welt
betrifft – wieder einmal Eva an unserem mißver-
ständlichen Verhältnis zu den Leibgerüchen schuld.
So will es zumindest Michel Tournier in *Die Legende
von den Düften.* In dieser Erzählung erinnert der
Schriftsteller zunächst einmal daran, daß Gott Adam
aus dem Sand der Wüste geformt und ihm Leben ein-
gehaucht hat, indem er ihm Luft in die Nüstern
blies. Und weil Gott dazu die Nase erwählt habe, so
sinniert der Dichter, habe er Adam von Anbeginn zu
einer vom Geruchsempfinden bestimmten Existenz ge-
schaffen.

Eines Tages überraschte er Adam, wie dieser mit der
Nase an seinem Arm entlangstrich und sich vergeblich
bemühte, bis zur Achselhöhle zu gelangen, um dort
weiterzuschnuppern.

> *»Nanu, mein Sohn, was macht du denn?«*
> *»Ich rieche«, antwortete Adam, »oder vielmehr, ich
> versuche zu riechen, denn ich rieche vor allem, daß
> ich nichts rieche ...«*

171

Gott dachte darüber nach, wie er Adam ein geruchs-
frohes Dasein schenken könnte und daß es nicht gut
sei, allein in einer duftenden Umgebung zu sein. Und
so erschuf er Eva und das Paradies.

*Das Paradies aber war nichts anderes als ein von
Sandelholz-, Kampesche- und Amarantwäldern ge-
säumter Blütengarten. Und jede dieser Blüten ver-
strömte ihren Duft gleich einem Weihrauchbecken,
wie der Dichter geschrieben hat. (...)*
*Eva öffnete die Augen, sah Adam, atmete tief und
streckte die Arme nach ihm aus.*
»Komm, bel ami!« sprach sie zu ihm.
*Adam näherte sich ihr, und er spürte die zarten
Duftwogen, die ihren nackten Körper umwehten.*
»Jolie Madame!« murmelte er entzückt.

Tournier erzählt vom glücklichen Leben der beiden im
Paradies. Sie durften von allen Früchten der Bäume essen und jegliches Wissen erwerben. Doch hatte Gott
ihnen befohlen, sich vor der »Frucht des Baumes der
Düfte« zu hüten. Sollten sie davon essen, würde die
Natur nicht mehr Düfte verschenken, sondern nur
noch Gerüche verströmen. Doch auch in Tourniers Va-
riante der Schöpfungsgeschichte taucht die Schlange
auf:

*»Eßt nur vom Baum der Erkenntnis der Düfte«,
sprach sie zu ihnen. »Wenn ihr die Kunst und die
Chemie der Duftherstellung kennt, werdet ihr euch
eure eigenen Düfte schaffen, und sie werden denen
des Paradieses nicht nachstehen.«*

Adam und Eva konnten der Versuchung nicht wider-
stehen. Doch kaum hatten sie von der verbotenen

Abb. 17: Sündenfall.
Gemälde von Hugo van der Goes, um 1470.

Frucht gekostet, schlossen sie vor Entsetzen die Augen. Alles war so gekommen, wie Gott es ihnen prophezeit hatte. Die Düfte des Paradieses waren verflogen.

Als sie näher zusammenrückten und wie vordem ihre Seelen einatmen wollten, stieg beiden miteinander nur ein Geruch in die Nase: der ihres Schweißes. (...) Da sprachen sie wie aus einem Munde das Wort aus, das häßlichste, verderblichste, anstößigste im internationalen Kauderwelsch: »Ein Deodorant müßten wir haben!« brach es aus ihnen hervor. (...)[1]

ANMERKUNGEN

Einleitung

1 Konserviert und archiviert wurden die Personengerüche dann in Einmachgläsern, um sie irgendwann zweckdienlich verwenden zu können. Ausgestellt waren einige dieser Geruchsproben in der Ausstellung *Aroma, Aroma – Versuch über den Geruch* im Baseler Museum für Gestaltung (Herbst 1995).

2 Vgl. Stoddard 1990, S. 72.

3 Der Teufel mit den drei goldenen Haaren.

4 Vgl. zum Geruchssinn in unserer Sprache etwa Weisgerber 1928, aber auch Henning 1916, S. 59 ff.

5 Vgl. Plank/Plank 1995, S. 69 ff.

6 Vgl. hierzu Jaubert/Tapiero/Dore 1995.

7 Vorgestellt in der Sendung *Knoff-Hoff-Show* am 18. 1. 1993. Im Vietnamkrieg wurden übrigens Geruchsdetektoren eingesetzt, die menschliche Ausdünstungen in erheblicher Distanz im Dschungel ausmachen konnten. Diese Detektoren »unterschieden zwischen europäisch und asiatisch Erzogenen [Menschen]«, vgl. Graumann u.a. 1969, S. 123 sowie 127.

8 Vgl. zu geruchsblinden Menschen Ebberfeld 1998b.

9 Vgl. Hatt 1990, S. 115, dort findet sich auch eine Tabelle mit weiteren Duftkomponenten, die von Teilen der Bevölkerung nicht wahrgenommen werden können. Ich möchte hier anmerken, daß ich den Anteil der Bevölkerung, die keinen Uringeruch wahrnehmen kann (40 %), für sehr hoch halte, und frage mich deshalb, ob hier nicht ein Druckfehler vorliegt (4 %?).

10 Aber nicht alle Menschen verändern ihre Sekretgerüche durch bestimmte Lebensmittel. So konnte ich etwa durch Nachfrage in der urologischen Abteilung des hiesigen Krankenhauses in Erfahrung bringen, daß Spargelverzehr lediglich bei 40–60 % der Bevölkerung einen veränderten Uringeruch mit sich bringt.

11 37,2–44 % der Männer attestiert man eine partielle Anosmie gegenüber Moschus. Vgl. u.a. Gilbert/Wysocki 1987,

S. 516; Ohloff 1992, S. 18, der sich wahrscheinlich auf Gilbert/Wysocki 1987 bezieht; Gower/Nixon/Mallet 1988, S. 63, und Cowley/Brooksbank 1991.

12 Vgl. Kohl/Francœur 1995, S. 86, und Forsyth 1985, S. 26, sowie 1987, S. 160.

Genau genommen muß es an dieser Stelle nicht Moschus, sondern Exaltolid heißen. Dabei handelt es sich um einen synthetischen Geruchsstoff, der einen ausgeprägten moschusartigen Duft verbreitet und der dem vom Menschen produzierten Moschusduft sehr ähnlich ist.

Zu den Moschusdüften beim Menschen vgl. u.a. Gower/Nixon/Mallet 1988, S. 67, sowie Gustavson u.a. 1987.

13 Vgl. Engen 1982, S. 93, und Gower/Nixon/Mallet 1988, S. 67, wie auch Doty (1981), der allerdings in seiner Studie von 1986 Mängel an den Untersuchungsmethoden zum Thema olfaktorische Sensibilität im Hinblick auf Schwangerschaft und Menstruationszyklus festhält.

14 Vgl. Guerrier u.a. 1969 sowie Douek 1974, S. 130 f.

15 Insgesamt standen mir 102 schriftliche Zeugnisse zur Verfügung, die mir zwischen 1995 und 1998 zugesandt wurden und von denen 87 in diese Studie einflossen. Dazu gehören 45 Briefe und 42 Mitteilungen. Zu den Mitteilungen kam es durch eine Fragebogenerhebung, die ich 1995 durchführte. Ein Teil der Befragten war damals der Aufforderung gefolgt, ein Erlebnis, das mit Sexualität und Geruch zusammenhängt, niederzuschreiben.

Zu den Teilnehmern dieser Studie: Die 87 Teilnehmer waren zum Zeitpunkt der Untersuchung zwischen 15 und 83 Jahre alt, wobei die Altersgruppe der 21- bis 30jährigen am stärksten vertreten ist.

Zusammensetzung		*Sexuelle Orientierung*	
Frauen	59,7 %	heterosexuell	79,3 %
Männer	40,3 %	homosexuell	9,2 %
	100,0 %	bisexuell	6,9 %
		keine Angabe	4,6 %
			100,0 %

I. Kapitel

1 Proust 1985, Bd. 1, S. 66 f.
2 Vgl. zu Geschmackserinnerungen Hartmann 1994.
   Aber auch der Gehörsinn vermag diese besondere Art der
   Erinnerungsleistung zu wecken, und zwar besonders dann,
   wenn es um Musik oder Stimmen geht.
3 Warhol 1991, S. 150. Zudem schreibt er: »Ich habe den Geruch der Eingangshalle vom Paramount-Theater am Broad-
   way immer genossen. Immer wenn ich dort war, habe ich die
   Augen zugemacht und tief durchgeatmet. Dann wurde das
   Paramount abgerissen. Ich kann mir so lange, wie ich will,
   ein Foto dieser Eingangshalle ansehen, aber was soll's! Nie
   wieder werde ich sie riechen.« (Ebd.)
   Dufteindrücke bleiben besonders gut in unserem Gedächtnis
   haften, insbesondere dann, wenn sie mit emotionalen Ein-
   drücken gekoppelt sind. Sie sind, im Gegensatz etwa zum ge-
   speicherten Seheindruck, auch nach Wochen und Monaten
   wieder zu wecken, und zwar sehr präzise, vgl. Burdach
   1988, S. 123 f.
4 So etwa bei einem 85 Jahre alten Mann. Dieser erinnert sich,
   daß er auf dem Vormarsch auf Frankreich Kameraden aus
   einem gepanzerten Kettenfahrzeug hatte retten müssen, was
   wegen des heftigen Beschusses und der ständigen Kampfbe-
   reitschaft nicht gleich möglich gewesen war. Erst nach Tagen
   konnte man es wagen. Beim Öffnen der Einstiegsluke drang
   ihm ein bestialischer Geruch entgegen. »Als ich«, schreibt er,
   »den toten Fahrer von hinten unter die Schultern faßte und
   herausheben wollte, entwich wohl noch im Brustkorb des
   Toten befindliche Luft stöhnend aus seinem Munde ... Dieses Erlebnis hinterließ einen so tief empfundenen Schock,
   daß ich noch heute beim Geruch von gesottenem Fleisch einen so furchtbaren Ekel empfinde, daß es trotz guten Zure-
   dens und Selbstbeherrschung nicht auszulöschen ist.« (Hartmann 1994, S. 23 f.)
5 Vgl. P.M. 1/1990.
6 Degen 1992.
7 Vgl. Agosta 1994.
8 Calvino 1991 [1986], *Der Name, die Nase*, S. 14 f.
9 Dekker 1911, S. 100 f.
10 Vgl. Ebberfeld 1998a.

177

11 Vgl. Geo 1995, Nr. 9, S. 166 f.

12 Vgl. hierzu die Forschungsergebnisse der Institute für Psychologie und Immunologie der Universität Kiel, u.a. Eggert/Wobst/Höller u.a. 1994, Luszyk/Eggert/Ferstl 1993 und Eggert u.a. 1990.

13 Freilich können einige Testreihen berechtigterweise aus ethischen Gründen nicht durchgeführt werden, und es hätten wohl auch nur wenige Menschen den Mut, sich als Labormaus oder -ratte zur Verfügung zu stellen. Injektionen aller Art, 22stündiger Wasserentzug, Knochenmarktransplantationen oder Entfernung der Riechkolben sind nur einige der Maßnahmen, die bislang zu Erkenntnissen des sexuellen Riechverhaltens bei Tieren führten. Daß bei derartigen »Tests« Blut fließt und ein Teil der Versuchstiere ihr Leben lassen muß, sollte jedem bekannt sein.

Im Gegensatz zu den naturwissenschaftlichen Untersuchungen hinsichtlich des Geruchssinns sind die der Geisteswissenschaften weniger von Skalpell und Nadel abhängig als vielmehr von Beobachtung und Befragung. Jeder direkte Körperkontakt ist folglich auszuschließen, wenngleich manche Fragen und Antworten durchaus »unter die Haut« gehen können. Im übrigen bin ich der Meinung, daß man in vielen Bereichen allemal auf die naturwissenschaftliche Erforschung des Geruchssinns verzichten könnte, und zwar immer dann, wenn Menschen befragt oder beobachtet werden können. Das setzt natürlich voraus, daß man zum Beispiel den Aussagen einer ganz normalen Person wieder Glauben schenkt, was ich tue. Um jedoch die gute Selbstbeobachtungsgabe und einige geschilderte Geruchssachverhalte in ihrer Korrektheit zu unterstreichen, lasse ich auch naturwissenschaftliche Ergebnisse als Kommentar zu den schriftlichen Zeugnissen mit einfließen.

14 Vgl. etwa Jellinek 1960, S. 187 f.

15 Vgl. Jellinek 1960, S. 187, und 1973, S. 10.

16 Vgl. Englisch u.a. 1932, S. 197. Eine Seite weiter schreiben Englisch u.a.: »Die Parfümierung der Frau ist einer der Tricks, deren die Natur sich bedient, um den vom Geschlechtstrieb umnebelten Intellekt des Mannes zur Erfüllung der von der Natur gewollten Aufgaben zu veranlassen.« Äußerst interessant ist an dieser Aussage die von Englisch u.a. verwendete Metapher *umnebelter Intellekt*, die

offensichtlich gewählt wurde, um die »sexuelle Hilflosigkeit« des Mannes aufzuzeigen, der gegen seinen *Naturtrieb* nichts auszurichten vermag, ohne die diese Aussage allerdings immer noch vollständig gewesen wäre. Umnebelt ist an dieser Stelle folglich als Geruchsumnebelung zu verstehen, und in diesem Sinne haben die Autoren ganz unbewußt zu verstehen gegeben, daß der Geruchssinn den Intellekt durchaus beherrscht.

17 Kistemaecker 1898, S. 5 ff.

18 Kalbeck (1896) zeigt in seiner Novelle *Moschus*, welche Macht der Geruch in bezug auf sein Erinnerungsvermögen besitzt. Ein leiser Hauch von Moschus versetzt ihn in die Jugendzeit, bringt ihm die Empfindungen seiner ersten Liebe zurück und läßt alle Einzelheiten dieser ersten großen Zuneigung wieder auferstehen.

19 Vgl. Ebberfeld 1998a, V. Kapitel: Stimulierende Gerüche.

20 Vgl. Hatt 1990, S. 119.

21 Vgl. Groddeck 1990 [1923], S. 183 f., sowie Ferenczi 1972, Bd. II, S. 346.
   Dementsprechend kann man auch Mirbeaus Beschreibung einer sexuellen Annäherung deuten, denn es heißt in seinem Roman *Enthüllungen einer Kammerjungfer*: »Oh, wie gut Du riechst! flüsterte er … Du kleine Metze, riechst wie Mama …« (1901, S. 232).

22 Vgl. Ricard-Wolf 1995. Es handelt sich um die Babypflegeprodukte der Firma Johnson & Johnson, und der hier angesprochene Duft Heliotropin riecht nach Vanille und Marzipan.

II. Kapitel

1 Vgl. Ebberfeld 1998a, insbesondere das V. Kapitel: Düfte als sexuelles Stimulationsmittel.

2 Vgl. McClintock 1971 u. 1981; Russell/Switz/Thompson 1980 sowie Preti u.a. 1986.

3 Vgl. Cutler u.a. 1986.

4 Vgl. Kirk-Smith/Booth 1980.

5 Vgl. Gustavson u.a. 1987.

6 Vgl. u.a. Gilbert/Wysocki 1987, S. 516; Ohloff 1992, S. 18,

der sich wahrscheinlich auf Gilbert/Wysocki 1987 bezieht; Gower/Nixon/Mallet 1988, S. 63, und Cowley/Brooksbank 1991.

7 Vgl. Doty u.a. 1975.

8 Vgl. Ebberfeld 1998a, II. und IV. Kapitel.

9 Hierzu äußert sich auch eine 27jährige Frau: *Das erste Geruchserlebnis, welches mir in den Kopf kommt, ist eines aus der Kindheit. Beim sonntagmorgendlichen »Zu-den-Eltern-ins-Bett-Gekrabbel« roch mein Vater manchmal etwas streng-scharf nach Schweiß, obwohl ich damals noch nicht realisierte, daß es Schweiß war. Ich schlug mich dann immer lieber auf die wohlig riechende Seite meiner Mutter. Erst in der Pubertät roch ich diesen Geruch auch bei mir. (...)*

10 Vgl. Ellis 1906 und Jäger 1880. Siehe zu diesem Themenkomplex auch Ebberfeld 1998a, III. Kapitel.

11 Vgl. Sacks 1989, S. 210 ff.

12 Vgl. Cloquet 1824 [1815], S. 14.
Christian Marzahn, ehemaliger Rektor der Universität Bremen, der leider viel zu früh verstarb, teilte mir 1994 folgendes mit: »Gesmac«, so das Grimmsche Wörterbuch, ist im Mittelalter der Geschmack der Nase und des Mundes, »odor« und »sapor«, und dies wiederum in doppelter Hinsicht: als sinnliche Eigenschaft einer Sache und als sinnliche Empfindung dieser Eigenschaft. Notker nennt einen Gestank noch einen »ueblen gesmac«. Diese geruchsbezogene Komponente verliert sich im Neuhochdeutschen. Nur in den oberdeutschen Mundarten hat sie sich erhalten, wo gewisse Dinge noch heute ein »Geschmäckle« haben können, für das die Nase zuständig ist. In Erweiterung dieser sinnlichen Bedeutung konnte »gesmac« oder »smecken« auch bedeuten, etwas innig zu erfassen, etwa Gott: »Daz er gotes niht enhât gesmecket.«

13 Vgl. Ebberfeld 1998b.

14 Vgl. Ebberfeld 1997a.

15 Ebd.

16 Most 1842, S. 21.

III. Kapitel

1 Was auch durch meine Studie von 1998 bestätigt wird, wonach sehr viel mehr Männer als Frauen von Intimgerüchen fasziniert und sexuell stimuliert werden, vgl. Ebberfeld 1998a.

2 Bislang waren die zumeist männlichen Forscher vorwiegend an den Geschlechtsflüssigkeiten bzw. Gerüchen der Frau interessiert, was vermutlich auch zur generellen Unterrepräsentanz der Beschreibung des männlichen Intimgeruchs beitrug.

3 Vgl. Stoll 1908, S. 863 f.

4 Vgl. Ebberfeld 1998a, V. Kapitel: Stimulierende Körpergerüche.

5 Vgl. Cowley und Brooksbank 1991. Getestet wurden Kopuline (= aliphatische Fettsäuren) sowie Androstenol (= 5alpha-16-androsten-3alpha-ol), die Testpersonen während der Nacht einatmeten. Am nächsten Morgen wurde anhand eines Fragebogens festgestellt, ob die Probanden ihre Kommunikationsweise gegenüber ihren Mitmenschen verändert hatten.
Zu bedenken ist allerdings, daß derartige Geruchstests ohne »Drum und Dran« erfolgen und eine natürliche Geruchssituation möglicherweise zu anderen Ergebnissen führen würde. Vielleicht liegt auch eine individuelle Empfänglichkeit gegenüber derartigen Gerüchen vor, wie sie etwa Money (1980) vermutet, vgl. S. 74.

6 Vgl. Kohl/Francœur 1995, S. 83, sowie Michael/Bonsall/Warner 1974.

7 Vgl. Forsyth 1987, S. 165 f.

8 Vgl. Money 1980, S. 74.

9 Vgl. hierzu Ebberfeld 1996.
In meinem Seminar nannten Studenten folgende Geruchsähnlichkeiten zum weiblichen Intimgeruch: Erde, Zwiebel, Moder, Fisch, Blut, Metall, Eisen, Käse, Seewasser.

10 Dies schließe ich aus den Geruchsbesprechungen zum Bocksgeruch (vgl. u.a. Jellinek 1960, S. 184) sowie denen über Urin und Smegma (Smegma = Sekretschmiere an der Glans (Eichel), aber auch an der Klitoris sowie den kleinen Schamlippen).
Die einzige ausführlichere Genitalduftbeschreibung des Man-

nes findet sich bei Stoll 1908, S. 830 ff. Einzelne Hinweise zum Intimgeruch des Mannes kann man aber auch bei Jäger 1880, S. 196, und auch bei Kohl/Francœur 1995, S. 74 f., finden. Vgl. zum Geschlechtsgeruch des Mannes zudem Ebberfeld 1998c.

11 Capryl oder Kapryl ist auf Ziege (Capra) zurückzuführen.

12 Die Ursache für den Fett- und Käsegeruch ist das Smegma. Ist das Smegma älter, bekommen diese Geruchsnoten einen ranzigen Charakter. Generell ist der Smegmageruch beim männlichen Geschlecht stärker ausgeprägt als beim weiblichen.

13 Vgl. Ebberfeld 1998a, IV. Kapitel.

14 Diese Untersuchung wurde am Max-Planck-Institut für Verhaltensphysiologie durchgeführt, wobei 24 Paare untersucht wurden. Jeder Untersuchungsteilnehmer hatte jedoch lediglich eine Entscheidung unter zehn Hemden vorzunehmen, die von ihm oder den anderen Testteilnehmern mehrere Nächte hatten getragen werden müssen, vgl. Hold und Schleidt 1977.

Vgl. hierzu auch die Cross-Cultural-Study von Schleidt 1980, in die die Untersuchungsergebnisse von Hold und Schleidt (1977) einflossen. Bei dieser Studie waren 80 % der Teilnehmer in der Lage, zwischen Individualgerüchen signifikant zu unterscheiden. Auch bei dieser Untersuchung konnten Frauen bessere Ergebnisse erzielen.

Russell (1976) hatte eine ähnliche Untersuchung vorgenommen. Allerdings setzte sich seine Untersuchungsgruppe nicht aus Paaren, sondern aus Einzelpersonen (16 Männer und 13 Frauen) zusammen. Danach konnten 75 % der Testpersonen ihr eigenes T-Shirt identifizieren und eine korrekte geschlechtsspezifische Zuordnung treffen. Im Gegensatz zu Hold und Schleidt und allen anderen mir bekannten Untersuchungen zu dieser Fragestellung konnten in Russells Untersuchung weitaus mehr Männer (81 %) als Frauen (69 %) eine richtige Geruchsentscheidung treffen.

15 Vgl. Gibbons 1986.

16 Vgl. Höller 1995, S. 197. Höller macht diese Angaben ohne Nennung der Quelle. Eine Überprüfung der Aussagen war mir deshalb nicht möglich.

Porter und Moore 1981 weisen überdies nach, daß Mütter mit mehreren Kindern getragene Hemden sogar ihren einzelnen Kindern zuordnen konnten.

17 Vgl. hierzu auch die Studie von Hite 1977, u.a. S. 323 ff. und S. 562.

Ich habe in meiner anderen Arbeit (1998a) die Hypothese aufgestellt, daß die allgemeine Verunglimpfung des weiblichen Intimduftes – die meines Erachtens von Männern geschürt wird – bei Frauen zu einer Verunsicherung führte und daß diese Diskriminierung wohl auf die Angst der Männer vor den »unerklärbaren« Frauendüften zurückzuführen sei. An dieser Stelle möchte ich diese Annahme noch erweitern und die Frage stellen, ob nicht auch der anziehende Charakter der weiblichen Intimdüfte dazu geführt haben könnte, diese zu diskriminieren; und zwar insbesondere deshalb, weil sich keine rationalen Erklärungen für diese Anziehungskraft finden lassen.

18 Vgl. Höller 1995.

19 Vgl. Ebberfeld 1998a, Kapitel IV.

20 Nach Auskunft von Hans Peter Duerr Bezeichnung für einen Mann, der andere Männer durch Mundverkehr sexuell befriedigt.

21 Vgl. Agosta 1994.

22 Vgl. Ellis 1906, S. 128.

23 Vgl. Cloquet 1824 [1815], S. 59.

24 So heißt es: »Ich begrub mein Gesicht darein [in eine Leibbinde/gestrickter Gürtel] und berauschte mich beinahe an seinem herrlichen Dufte nach junger Männlichkeit und frischem Heu.« Vgl. hierzu die vollständige Beschreibung dieser »Geruchssituation« bei Ellis/Symonds 1896, Fußnote S. 289 f., oder Ellis 1906, S. 108 f.

25 Vgl. Jellinek 1973, S. 35; Ellis 1906, S.127; Cloquet 1824 [1815] und Haller 1772, S. 485 f. Auch Hennablüten sollen an den Spermaduft erinnern. Sofern man die Blüten zerreibt, soll sich dieser Geruch noch intensivieren und die Deutlichkeit dieser Assoziation noch mehr hervortreten. Zudem soll ein spermaähnlicher Geruch entstehen, wenn man Mehl in Wasser verrührt, vgl. Ellis 1906, S.129.

In meinem Seminar nannten Studenten folgende Geruchsähnlichkeiten zum männlichen Intimgeruch: Camembert, Pilze, Johannisbrotbaum, Schimmelkäse, Hund, Meeresbrise.

Darüber hinaus teilte mir Duerr folgendes zum menschlichen Sperma mit: »Männer, die in den ›Klappen‹ [Treffpunkt, um anonymen Sex zu betreiben] täglich Dutzende von Männern fellationieren, sagen, daß Duft und Geschmack von Mann zu Mann sehr verschieden seien. Sie reden darüber wie Weinkenner über die verschiedenen Weine. Eine Frau sagte mir, Sperma rieche und schmecke salziger, wenn der Mann viel Alkohol zu sich genommen habe.«

26 Sinnesvorstellungen sind besonders bei der bildlichen Vorstellungskraft bekannt. Es ist die Fähigkeit, früher Gesehenes als Anschauungsbild sinnlich-deutlich zu sehen, ohne daß der äußere Reiz noch vorhanden ist. Besonders ausgeprägt ist diese Fähigkeit, die auch Eidetik genannt wird, bei Malern.

IV. Kapitel

1 Vgl. Vigarello 1992 [1985].

2 Süskind 1985, S. 6.

3 Der Leibarzt Doktor Daquin verabreichte nämlich dem Sonnenkönig täglich ein Abführmittel gegen dessen Verdauungsstörungen, das allerdings gegen den Bandwurm im Gedärm des Bourbonen bis zu dessen Lebensende nichts ausrichten konnte. Vielmehr bescherte es dem König unendliche Blähungen und veranlaßte ihn zu mindestens vierzehn Toilettengängen täglich. Wohlgemerkt, der König ging zur Toilette und nicht in irgendeine Ecke der vielen Räumlichkeiten von Versailles.
Darüber hinaus ließ sich der König auf ärztliches Anraten im besten Mannesalter sämtliche Zähne ziehen, nicht etwa, weil sie faulig waren, sondern zur Vorbeugung gegen mögliche Infektionen. Dabei riß ihm sein Leibarzt einen Teil des Gaumens mit heraus, dessen zurückbleibende Höhle nun fortan Speisereste aufnahm, die man wegen der Unzugänglichkeit nicht entfernen konnte. So kam es zu den üblen Gerüchen, für die der Sonnenkönig eigentlich nichts konnte. Vgl. hierzu Zander 1992, S. 9 ff.

4 Diese beiden Studentinnen waren eineinhalb Jahre in meinen Seminaren zum Thema *Sinnesorgan Nase*. Nach eigenen Aussagen treten sie seither Gerüchen »aufmerksamer und bewußter« gegenüber. Ich möchte mich an dieser Stelle ganz herzlich für die sehr vertraulichen Mitteilungen, die auch Zitate aus Tagebüchern enthalten, bedanken.

5 Eine dieser beiden Frauen berichtet zudem von der »asiatischen Abwischtechnik« nach dem Toilettengang, die lediglich mit Wasser und Hand ausgeführt wird. Sie empfand diese »als wesentlich sauberer als die Benutzung von Toilettenpapier«, was sie nicht nur »sich wohler fühlen ließ«, sondern sie auch veranlaßte, diese Art der Reinigung für Genital und After noch einige Zeit daheim beizubehalten.

6 Oraler Sexualverkehr ist eine weitere Bezeichnung. Zudem bezeichnete man den Reizkuß in früheren Zeiten auch als französischen Kuß oder Minette (das Kätzchen machen).

7 Cunnilingus ist abzuleiten von cunnus, weibliche Scham, sowie lingua, Zunge, und Fellatio von fellare, saugen oder lutschen.

8 Vgl. von Bernstorff u.a. 1932, S. 40.

9 Vgl. Ellis 1906.

10 Vgl. zu diesen Ausführungen Kohl/Francœur 1995, S. 74 f.; Hagen 1901 (Albert Hagen ist das Pseudonym von Iwan Bloch), S. 49; Jäger 1880, S. 193 f. (Im Original fehlen die Seiten 194 und 195. Der Text ist allerdings lückenlos und findet sich deshalb fortlaufend auf Seite 196!), und Berthold 1842, S. 611.

11 Vgl. Stoll 1908, S. 831.
»Der unbeschnittene, mit Smegma ... behaftete Penis wird auf Mangaia häufig *ure piapia*, ›stinkender Penis‹, genannt ..., und es heißt, daß sich z.B. auf den Gesellschaftsinseln eine Frau aus diesem Grunde ungern mit einem Europäer eingelassen habe ...« Duerr 1993, S. 28. Anmerkung zu 12, S. 544.

12 Vgl. Comfort 1971.

13 »Insbesondere ist es der – sonst so widerliche – Smegmageruch des Mannes wie Weibes, der auch als unbewusster Geruchseindruck unserer Erfahrung nach bei manchen geschlechtsgesunden Individuen Erectionen weckt.« Fürbringer 1895, S. 3. Vgl. hierzu auch u.a.: Kohl/Francœur 1995; Englisch u.a. 1932; Jäger 1880.

14 Vgl. Ebberfeld 1997b.

15 Vgl. Fürbringer 1895, S. 3.

V. Kapitel

1 Hartmann (1994) hat diese Funktion im Zusammenhang mit Geschmackserinnerungen analysiert, vgl. S. 44.

2 Vgl. Ebberfeld 1998a, V. Kapitel: Getragene Wäschestücke als Stimulationsmittel.

3 Dieser Fragebogen war Grundlage meiner Studie von 1998a, die übrigens ergab, daß 27,5 % der Befragten den Geruch nach dem Geschlechtsverkehr als sexuell stimulierend empfinden, vgl. hierzu V. Kapitel: Stimulierende Körpergerüche.

4 Vgl. Labows 1994, S. 165. Gleiches wird auch von Huggins/Preti (1981) beschrieben, vgl. S. 374, die sich mit kritischen Anmerkungen zu der gewählten Untersuchungsmethode auf Eskelson u.a. (1978) beziehen. Eskelson u.a. berichten, daß die durch das Sperma hervorgerufenen »Übelgerüche bei der Frau« 15 bis 160 Stunden bestehen können.
Von welchen Faktoren »Übelgerüche« am Penis nach dem Koitus abhängen, wurde bislang noch nicht untersucht.

Schlußbetrachtung

1 Dies zeigt sich beispielsweise auch in Erich Frieds Gedicht *Nähe*, Fried 1993, S. 439: »... Aber wenn ich bei dir bin / wenn ich dich küsse und trinke / und dich einatme / und ausatme und wieder einatme / wenn ich mit offenen Augen / fast nichts von dir sehe / ganz vergraben in dich / in deine Haut und in deine / Haare und deine Decken / die duften nach dir / dann denke ich an dein Gesicht / weit oben / wie es jetzt leuchtet / oder sich schön verzieht in rascherem Atmen ...«

2 Es handelt sich um die Erbkrankheit, die als Kallmann-Syndrom bekannt ist.

Epilog

1 Tournier 1990, S. 270 ff.

LITERATUR

Agosta, William C. (1994): Dialog der Düfte. Chemische Kommunikation. Heidelberg/Berlin/Oxford.

Bernstorff, H. von/Kuno, H./Lothar, Rudolf/Scheuer, O. F. (1932): Der Geschmack. Eine sexualpsychologische und psychologische Darstellung der Rolle und Bedeutung des Geschmacksinns für das Triebleben des Menschen. In: Die fünf Sinne. Ihre Einflußnahme und Wirkung auf die Sexualität des Menschen. Bd. 4, Wien/Leipzig.

Berthold, A. A. (1842): Geschlechtseigenthümlichkeiten. In: Handwörterbuch der Physiologie. Bd. I. (Hrsg. Rudolph Wagner), Braunschweig, S. 597-616.

Burdach, Konrad J. (1988): Geschmack und Geruch. Gustatorische, olfaktorische und trigeminale Wahrnehmung. Bern/Stuttgart/Toronto.

Calvino, Italo (1991) [1986]: Unter der Jaguar Sonne. 3 Erzählungen. München, S. 7-29.

Cloquet, Hippolyt (1824) [1815]: Osphresiologie oder Lehre von den Gerüchen, von dem Geruchssinne und den Geruchsorganen und von deren Krankheiten. Weimar.

Comfort, A. (1971): Communication may be odorous. In: New Scientist and Science Journal, vol. 49, p. 412-414.

Cowley, J.J./Brooksbank, B.W.L. (1991): Human exposure to putative pheromones and changes in aspects of social behaviour. In: The Journal of Steroid Biochemistry and Molecular Biology, vol. 39, p. 647-659.

Cutler, Winnifred Berg/Preti, George/Krieger, Abba/Huggins, George R./Garcia, Celso Ramon /Lawley, Henry (1986): Human axillary secretions influence women's menstrual cycles: The role of donor extract from men. In: Hormones and Behavior, vol. 20, p. 463-473.

Degen, Rolf (1992): Ein Tor zur Seele. Psychologische Wirkung von Geruchsstoffen und Düften. In: Bild der Wissenschaft, Bd. 29 (12), S. 52-53.

Dekker, Hermann (1911): Auf Vorposten im Lebenskampf. Biologie der Sinnesorgane. II: Sehen, Riechen und Schmecken. Stuttgart.

Doty, Richard L. (1986): Gender and endocrine-related influences on human olfactory perception. In: Meiselman, Herbert L./Rivlin, Richard S. (eds.) Clinical measurement of taste and smell, New York, p. 377-413.

Doty, Richard L (1981): Olfactory communication in humans. In: Chemical Senses, vol. 6, no. 4, p. 351-376.

Doty, Richard L./Ford, Mary/Preti, George/Huggins, George R. (1975): Changes in the intensity and pleasantness of human vaginal odors during menstrual cycle. In: Science, vol. 190, p. 1316-1318.

Douek, Ellis (1974): The sense of smell and its abnormalities. Edinburgh/London.

Duerr, Hans Peter (1993): Der Mythos vom Zivilisationsprozeß. Bd. 3: Obszönität und Gewalt. Frankfurt/M.

Ebberfeld, Ingelore (1998a): Botenstoffe der Liebe. Über das innige Verhältnis von Geruch und Sexualität. Frankfurt/M.

Ebberfeld, Ingelore (1998b): Anosmie. Leben ohne Geruchssinn. In: dragoco report, Heft 6, S. 264-270.

Ebberfeld, Ingelore (1998c): Wie der Duft von Kastanienblüten. Der Geschlechtsgeruch des Mannes. In: Sexualmedizin, Heft 6/7, S. 206-215.

Ebberfeld, Ingelore (1997a): Beriechendes Kennenlernen. In: dragoco report, Heft 6, S. 246-257.

Ebberfeld, Ingelore (1997b): Fetischismus oder ganz normale Leidenschaft. Körpergeruch als sexuelles Stimulationsmittel. In: Sexualmedizin, Heft 9, S. 234-242.

Ebberfeld, Ingelore (1996): Anrüchig und anziehend zugleich. Der Geschlechtsgeruch des Weibes. In: Sexualmedizin, Heft 7/8, S. 205-208.

Eggert, Frank/Wobst, B./Höller, C. u.a. (1994): Determinanten der chemosensorischen Identität. Ein Modell für die olfaktorische Expression von MHC-Genen. In: TW Neurologie Psychiatrie, Jhg. 8, S. 90-95.

Eggert, Frank/Luszyk, Dagmar/Westphal, E./Müller-Ruchholtz, Wolfgang/Ferstl, Roman (1990): Vom Gen zum Geruch zum Verhalten. Über immunogenetische Grundlagen der chemosensorischen Identität und ihre psychobiologischen Effekte. In: TW Neurologie Psychiatrie, Jhg. 4, S. 889-892.

Ellis, Havelock (1906): Die Gattenwahl beim Menschen mit Rücksicht auf Sinnesphysiologie und allgemeine Biologie. Würzburg.

Ellis, Havelock/Symonds, John Addington (1896): Das konträre Geschlechtsgefühl. Leipzig.

Engen, Trygg (1982): The perception of odors. New York u.a.

Englisch, Paul/Löhner, Leopold/Scheuer, O. F./Vorwahl, H. (1932):

Der Geruch. Eine Sexualpsychologische und physiologische Darstellung der Rolle und Bedeutung des Geruchssinnes für das Triebleben des Menschen. In: Die fünf Sinne. Ihre Einflußnahme und
Wirkung auf die Sexualität des Menschen. Bd. 5, Wien/Leipzig.

Eskelson, Cleamond/Chvapil, Milo/Chang, Sai Y/Chvapil, Thomas
(1978): Identification of ejaculate derived propylamine found in
collagen sponge contraceptives. In: Biomedical Mass Spectrome-
try, vol. 5, no. 3, p. 238-242.

Ferenczi, Sándor (1972): Schriften zur Psychoanalyse. Bd. II. Frank-
furt/M.

Forsyth, Adrian (1987): Die Sexualität in der Natur. Vom Egoismus
der Gene und ihren unfeinen Strategien. München.

Forsyth, Adrian (1985): Good scents and bad. In: Natural History,
No. 11 (November), p. 25-32.

Fried, Erich (1993): Gesammelte Werke in 4 Bdn. Bd. 2. Berlin.

Fürbringer, Paul (1895): Die Störungen der Geschlechtsfunctionen
des Mannes. In: Nothnagel, Hermann (Hrsg.) (1899): Specielle
Pathologie und Therapie Bd. 19, II. Hälfte, Teil 3, Wien.

Geo (1995): Die Nase für den Richtigen. Nr. 9, September, S. 166 f.

Gibbons, Boyd (1986): The intimate sense of smell. In: National
Geographic, vol. 170, no. 3, p. 324-361.

Gilbert, Avery N./Wysocki, Charles, J. (1987): The smell survey: Its
results. In: National Geographic, vol. 172, no. 4, p. 514-525.

Gower, D. B./Nixon, A./Mallet, A. I. (1988): The significance of
odorous steroids in axillary odour. In: Van Toller, Steve/Dodd,
George, H. (eds.): Perfumery. The psychology and biology of fra-
grance, London/New York, p. 47-76.

Graumann, Carl Friedrich/von Baeyer-Katte, Wanda/Feger, Hu-
bert/Irle, Martin/Mitscherlich, Alexander/Thomae, Hans/Wilde-
mann, Rudolf (1969): Psychologie und politisches Verhalten. In:
Irle, Martin (Hrsg.): Bericht über den 26. Kongreß der Deutschen Gesellschaft für Psychologie, Tübingen. Göttingen, S. 106-
132

Groddeck, Georg (1990) [1923]: Das Buch vom Es. Psychoanalytische Briefe an eine Freundin. (3. Aufl.) Frankfurt/M./Berlin.

Guerrier, Y./Rlu, R./Leonardelli, G./Le Den, R./Pizetti, F. (1969):
Tumeurs du neuroépithélium olfactif. In: Les Tumeurs Nerveuses
en ORL, Montpellier, S. 91 f.

Gustavson, Andrew R./Dawson, Michael E./Bonett, Douglas G.
(1987): Androstenol, a putative human pheromone, affects human (homo sapiens) male choice performance. In: Journal of
Comparative Psychology, vol. 101, no. 2, p. 210-212.

Hagen, Albert (Iwan Bloch) (1901): Die sexuelle Osphresiologie.

Die Beziehungen des Geruchssinnes und der Gerüche zur menschlichen Geschlechtsthätigkeit. Charlottenburg.

Haller, Albrecht von (1772): Anfangsgründe der Phisiologie des menschlichen Körpers. 5. Bd.: Die äusserlichen und innerlichen Sinne. Berlin/Leipzig.

Hartmann, Andreas (Hrsg.) (1994): Zungenglück und Gaumenqualen. Geschmackserinnerungen. München.

Hatt, Hanns (1990): Physiologie des Riechens und Schmeckens. In: Maelicke, Alfred (Hrsg.): Vom Reiz der Sinne. Weinheim/New York/Basel/Cambridge, S. 93-127.

Henning, Hans (1916): Der Geruch. Ein Handbuch für die Gebiete der Psychologie, Physiologie, Zoologie, Botanik, Chemie, Physik, Neurologie, Ethnologie, Sprachwissenschaft, Literatur, Ästhetik und Kulturgeschichte. Leipzig.

Hite, Shere (1977): Hite Report. Das sexuelle Erleben der Frau. München.

Hold, B./Schleidt, Margret (1977): The importance of human odour in non-verbal communication. In: Zeitschrift für Tierpsychologie, Bd. 43, S. 225-238.

Höller, Carsten (1995): Geruch und Gehorsam: Menschliche Kommunikation über körpereigene Gerüche. In: Schriftenreihe Forum. Bd. 5: Das Riechen. (Hrsg.: Kunst- u. Ausstellungshalle der BRD GmbH), Göttingen, S. 193-202.

Huggins, George R./Preti, George (1981): Vaginal odors and secretions. In: Clinical Obstetrics and Gynecology, vol. 24, p. 355-377.

Jäger, Gustav (1880): Die Entdeckung der Seele. (Zugleich Lehrbuch der allgemeinen Zoologie. III. Abteilung: Psychologie). (2. Aufl.) Leipzig.

Jaubert, Jean-Noel/Tapiero, Claude/Dore, Jean (1995): The field of odors: Toward a universal language for odor relationships. In: Perfumer & Flavorist, vol. 20 May/June, p. 1-16.

Jellinek, Paul (1973): Die psychologischen Grundlagen der Parfümerie. Untersuchungen über die Wirkungen von Gerüchen auf das Gefühlsleben. (3. Aufl.) Heidelberg.

Jellinek, Paul (1960): Praktikum des modernen Parfümeurs. (2. Aufl.) Heidelberg.

Kalbeck, Max (1896): Humoresken und Phantasien. Wien.

Kirk-Smith, Michael D./Booth, D. A. (1980): Effect of androstenone on choice of location in others' presence. In: van der Starre, H. (ed.): Olfaction and taste VII. London/Washington DC, p. 397-400.

Kistemaecker, Hans [Oscar Panizza] (1898): Die Kleidung der Frau, ein erotisches Problem. In: Zürcher Diskuszionen I, Nr. 8, S. 1-8.

Kohl, James Vaughn/Francœur, Robert T. (1995): The scent of eros. Mysteries of odor in human sexuality. New York.

Labows, John N. (1994): Chemische Zusammensetzung und Semiologie menschlicher Körpergerüche. In: Jellinek, Paul/Jellinek, J. Stephan (Hrsg.): Die psychologischen Grundlagen der Parfümerie. (4. Aufl.), Heidelberg, S. 160-173.

Luszyk, Dagmar/Eggert, Frank/Ferstl, Roman (1993): Prägnanz MHC-assoziierter Gerüche beim Menschen oder Der Duft von Frauen. Beitrag (Poster), präsentiert auf dem 4. Kongreß der Deutschen Gesellschaft für Verhaltensmedizin und Verhaltensmodifikation. Bonn, 25. bis 27. März 1993.

McClintock, Martha K. (1981): Social control of the ovarian cycle and the function of estrous synchrony. In: American Zoologist, vol. 21, p. 243-256.

McClintock, Martha K. (1971): Menstrual synchrony and suppression. In: Nature, vol. 229, p. 244 f.

Michael, Richard P./Bonsall, R. W./Warner, Patricia (1974): Human vaginal secretion: Volatile fatty acid content. In: Science, vol. 186, p. 1217-1219.

Mirbeau, Octave (1901): Enthüllungen einer Kammerjungfer. Budapest.

Money, John (1980): Love and love sickness: The science of sex, gender difference and pair-bonding. Baltimore and London.

Most, Georg Friedrich (1842): Die sympathetische Mittel und Curmethoden. Rostock.

Ohloff, Günther (1992): Irdische Düfte – Himmlische Lust. Eine Kulturgeschichte der Duftstoffe. Basel/Boston/Berlin.

P. M. (1990): Die phantastische Macht der Düfte. Heft 1, S. 64-70.

Plank, Sigrid/Plank, Frank (1995): Unsägliche Gerüche. In: Schriftenreihe Forum. Bd. 5: Das Riechen. (Hrsg.: Kunst- u. Ausstellungshalle der BRD GmbH), Göttingen, S. 59-72.

Porter, Richard H./Moore, John D. (1981): Human kin recognition by olfactory cues. In: Physiology & Behavior, vol. 27, p. 493-495.

Preti, George/Cutler, Winnifred Berg/Garcia, Celso Ramon/Huggins, George R./Lawley, Henry J. (1986): Human axillary secretions influence women's menstrual cycles: The role of donor extracts of females. In: Hormones and Behavior, vol. 20, p. 474-482.

Proust, Marcel (1985): Auf der Suche nach der verlorenen Zeit. Ausgabe in 10 Bänden, Bd. 1: In Swanns Welt. (4. Aufl.) Frankfurt/M.

Ricard-Wolf, Angelika (1995): Parfüm. Erst ins Hirn und dann ins Herz. In: Brigitte (Frauenzeitschrift) Nr. 22.

Russell, Michael J. (1976): Human olfactory communication. In: Nature, vol. 260, p. 520-522.

Russell, Michael J./Switz, Genevieve M./Thompson, Kate (1980): Olfactory influences on the human menstrual cycle. In: Pharmacology Biochemistry and Behavior, vol. 13, p. 737-738.

Sacks, Oliver (1989): Der Mann, der seine Frau mit einem Hut verwechselte. Reinbek bei Hamburg.

Schleidt, Margret (1980): Personal odor and nonverbal communication. In: Ethology and Sociobiology, vol. 1, p. 225-231.

Stoddart, D. Michael (1990): The scented ape. The biology and culture of human odour. New York/Port Chester/Melbourne/Sydney.

Stoll, Otto (1908): Das Geschlechtsleben in der Völkerpsychologie. Leipzig.

Süskind, Patrick (1985): Das Parfum. Die Geschichte eines Mörders. Zürich.

Tournier, Michel (1990): Das Liebesmahl. Novellen einer Nacht. Hamburg.

Vigarello, Georges (1992) [1985]: Wasser und Seife, Puder und Parfüm. Geschichte der Körperhygiene seit dem Mittelalter. Frankfurt/M./New York.

Warhol, Andy (1991): Die Philosophie des Andy Warhol von A bis B und zurück. München.

Weisgerber, Leo (1928): Der Geruchssinn in unseren Sprachen. In: Indogermanische Forschungen Bd. 46, S. 121-150.

Zander, Hans Conrad (1992): Zanderfilets: Kabinettstücke aus der Rumpelkammer der Geschichte. Stuttgart.

ABBILDUNGSVERZEICHNIS

Abb.1: Schulung des medizinischen Personals auf Körpergerüche und Krankheiten. Aus: National Geographic 1986, vol. 170, no. 3, p. 360.

Abb. 2: Achselschnüffeln im Namen der Wissenschaft. Aus: National Geographic 1986, vol. 170, no. 3, p. 330 f.

Abb. 3: Riechapparat. Aus: Geo, Das Reportage-Magazin 1987, Nr. 4, S. 27.

Abb. 4: Pheromone steuern das Sexualleben der Mäuse. Aus: Stern 1996, Nr. 18, S. 21.

Abb. 5: Parfümwerbung aus dem Jahre 1993. Aus: Madame (Frauenzeitschrift).

Abb. 6: Parfümwerbung für einen Herrenduft, 1993. Aus: Stern 1993, S. 50.

Abb. 7: Säugling wird auf Geruchspräferenzen getestet. Aus: Trygg Engen: The Perception of Odors. 1982, S. 11.

Abb. 8: Werbeanzeige von 1928. Aus: Broschüre der Fa. Mühlens, Köln. O. J., S. 7.

Abb. 9: Halb Mensch, halb Schwein. Aus: Monstres et protiges, von Amroise Paré, ca. 1573. Übernommen aus Midas Dekkers: Geliebtes Tier. München/Wien 1994, S. 122.

Abb. 10: Animalische Geruchsanziehung. Cartoon 1983. A. Coco, Cartoon aus: Ist es schlimm, Herr Doktor? 1983. Übernommen aus: Midas Dekkers: Geliebtes Tier. München/Wien 1994, S. 191.

Abb. 11: Indische Frauen hüllen sich durch Jasmingirlanden in einen Duftschleier. Aus: Chanel Broschüre 1994: Aromatische Erzählungen, Reisen und Begegnungen.

Abb. 12: Duftorgel. Postkarte. Grégoire Gardette Edition Fragonard. Foto: Musée Fragonard.

Abb. 13: Parfümeur riecht und schult seine Nase an Riechstreifen. Aus: Geo, Das Reportage-Magazin 1987, Nr. 2, S. 32.

Abb. 14: »Ich wasche meine Pussy immer mit parfümierter Seife.« Zweideutige Aussage auf einer erotischen Postkarte von ca. 1902. Übernommen aus Midas Dekkers: Geliebtes Tier. München/ Wien 1994, S. 247.

Abb. 15: Dufterlebnis. Radierung. Aus: Die fünf Sinne. Ihre Einflussname und Wirkung auf die Sexualität des Menschen. Bd. 4 u. 5. Wien/Leipzig 1932, S. 239.

Abb. 16: »Eden. Der verbotene Duft.« Parfümwerbung der Firma Cacharel. Aus: Max 1994, Nr. 7, S. 14 f.

Abb. 17: Sündenfall. Gemälde von Hugo van der Goes, ca. 1470. Aus: Midas Deckers: Geliebtes Tier. München/Wien, 1994, S. 160.